Mehr Follower, mehr Al Reichweite

Bekannter werden, Influencer werden und Geld damit verdienen sowie Neukundengewinnung für Unternehmen

1. Auflage

Copyright 2019 Thomas Crown. Alle Rechte vorbehalten.

ISBN: 9781090939791

Haftungsausschluss

Der Inhalt dieses Buchs wurde mit großer Sorgfalt geprüft und erstellt. Für die Vollständigkeit, Richtigkeit und Aktualität kann jedoch keine Garantie und Gewähr übernommen werden. Die Inhalte dieses Buchs repräsentieren die persönliche Erfahrung und Meinung des Autors und dienen nur dem Unterhaltungszweck. Der Inhalt stellt keine finanzielle Beratung dar und sollte auch nicht damit verwechselt werden. Es wird keine juristische Verantwortung oder Haftung für Schäden übernommen, die durch konterproduktive Ausübung oder durch Fehler des Lesers entstehen. Es kann auch keine Garantie für Erfolg übernommen werden. Der Autor übernimmt dadurch auch keine Verantwortung bei Nicht-Erreichen der im Buch beschriebenen Ziele. Dieses Buch enthält Links zu anderen Webeseiten. Auf den Inhalt dieser Webseiten haben wir keinen Einfluss. Deshalb kann auf diesen Inhalt auch keine Gewähr übernommen werden. Die verlinkten Seiten wurden zum Zeitpunkt der Verlinkung auf mögliche Rechtsverstöße überprüft. Für die Inhalte der verlinkten Seiten ist aber der jeweilige Anbieter oder Betreiber der Seiten verantwortlich. Rechtswidrige Inhalte konnten zum Zeitpunkt der Verlinkung nicht festgestellt werden.

Inhalt

Vorwort 7
Das soziale Netzwerk der Wahl 8
2. Alles, was du zu Instagram wissen musst 11
   Grundlegendes 11
   2.1 Das Profil 11
   2.2 Der Content 15
      Instagram als Privatperson 15
      Instagram als Themen- oder Nischenseite 18
      Instagram als Unternehmen 20
      Wie oft sollte man Beiträge hochladen? 22
      Was du noch wissen solltest 23
      Fazit 24
   2.3 Die richtige Hashtag Strategie 25
   2.4 Mehr Interaktionen 30
   2.5 Mehr Reichweite bekommen (mehr Follower) 32
   2.6 Arbeite mit Stories! 38
   2.7 Nutze Geotags 41
   2.8 Partnerschaften & Shoutouts 42
   2.9 Ein paar hilfreiche Tricks 43
      Trick #1: Engagement Gruppen 43
      Trick #2: Shoutouts 44
      Trick #3: Instagram so viel wie geht 45
      Trick #4: Mehrere Links in Instagram 47
      Trick #5: Instagram auf Autopilot 47

Trick #6: Beiträge vom PC aus hochladen + Beiträge planen 52

Trick #7: Verwende ein Unternehmensprofil! 52

Trick #8: Qualität vor Quantität................................53

Trick #9: Räume dein Profil auf! 53

Trick #10: Entferne falsche und nutzlose Follower.............54

2.10 Fehlersuche 55

Update 56

3. Erfolgreich auf YouTube 59

3.1 Die Grundlagen 59

3.2 Die richtige Idee, das richtige Konzept 61

3.3 Die richtige Wachstumsstrategie.....................................63

Das richtige Thumbnail 66

Mehr Abonnenten 68

Mehr Watchtime & besseres Ranking deiner Videos 69

3.4 Fehleranalyse...72

4. Facebook richtig nutzen 73

4.1 Die Grundlagen..73

4.2 Facebook als Privatperson 74

4.3 Facebook Gruppen als Geheimtipp, egal ob Privatperson oder Unternehmen..76

Facebook in Kombination mit den anderen beiden sozialen Netzwerken 77

4.4 Facebook als Unternehmen: FB Ads (Werbung)..............78

5. Strategien zum Geld verdienen..80

5.1 Die Grundlagen..80

- 5.1.1 Affiliate Marketing 81
- 5.1.2 Affiliate Netzwerke 82
- 5.1.3 Betreiben von Webseiten 84
- 5.1.4 Die richtige Nische 87
- 5.1.5 Das richtige Affiliate Produkt 90
- 5.1.6 Die Grundlagen des Marketings und des Verkaufens 92
- Worin unterscheiden sich die beiden Arten von Traffic? ...93
- 5.1.7 Email-Marketing 97
- 5.1.8 Messenger Marketing 104
- 5.2 Und so geht's – Die Praxis des Geldverdienens 105
- 5.3 Geld verdienen mit Instagram 106
  - 5.3.1 Geld verdienen als Influencer: 1) Shoutouts 106
  - 5.3.2 Geld verdienen als Influencer (jede Nische): 2) Produktplatzierungen 108
  - 5.3.3 Geld verdienen mit Network Marketing 109
  - 5.3.4 Geld verdienen mit Nischen-/Themenseiten 111
  - 5.3.5 So bietest du deinem Traffic kostenlosen Mehrwert 115
- 5.4 Geld verdienen mit YouTube 116
- 5.5 Geld verdienen mit Facebook 118
  - 5.5.1 Kostenloser Traffic 118
  - 5.4.2 Traffic auf Autopilot 126
  - 5.4.3 Hochskalieren deines Business – gekaufter Traffic..128
  - Definieren der richtigen Zielgruppe 129
  - Ziele deiner Anzeigen 132
  - Wie Facebook Werbeanzeigen gegliedert sind 134

Was du mit deiner Facebook Werbeanzeige erreichen kannst 135

Conversions & Interaktionen tracken 136

Die Strategien im Detail 140

Verfeinerung: Benutzerdefinierte Zielgruppen erstellen und Zielgruppe erweitern 142

Hacks 153

Gute Facebook Anzeigen 155

Schlechte Facebook Anzeigen 158

Fazit 158

5.4. Das unterschätzte soziale Netzwerk 159

5.5 Deine eigene Social Media Agentur 161

6. Bonus: 165

7. Schlusswort 166

Je mehr Vernetzungen du hast, desto besser! 166

Impressum 169

Vorwort

Vielen Dank für den Kauf dieses Buches! Du wirst es lieben!

Egal, ob du nur bekannter werden oder du dir die ein oder andere Einnahmequelle nebenbei oder hauptberuflich aufbauen willst, mit diesem detaillierten Leitfaden erfährst du, wie du auf den verschiedenen Plattformen so richtig durchstartest und mehr Reichweite bekommst! Soziale Netzwerke sind "das Ding" im Worldwide Web. Es gibt kaum jemanden, der weder Instagram, Facebook oder YouTube nutzt. Das sind DIE Anlaufstellen von Menschen im Internet. Warum diese fast unbegrenzte Quelle also nicht für sich nutzen!?

Da sich die drei wohl beliebtesten Plattformen Instagram, Facebook und YouTube stark voneinander unterscheiden, möchte ich dir im kommenden Kapitel mein soziales Netzwerk der Wahl vorstellen!

In den Boni zu diesem Buch findest du dazu noch weiterführende, kostenlose Informationen, die dich auf den aktuellsten Stand der einzelnen Kapitel bringt und dir hilfreiche Videos zeigen, die noch tiefer in die Materie gehen und dir jede Menge Zusatzmaterial liefern, was dir ein geschriebener Text eines Buches nicht geben kann! Deswegen schau unbedingt in die Boni zu diesem Buch und hol dir alle weiteren Infos, die du brauchst! Kostenlos!

Das soziale Netzwerk der Wahl

Welche Unterschiede gibt es zwischen den drei Plattformen Instagram, Facebook & YouTube und welche Vorteile gibt es dabei?

Während YouTube mehr ein Fernsehprogramm im Internet ist, in dem es Millionen von "Sendern" gibt, wo es kaum ein Thema gibt, wozu man kein passendes Video findet, sind Facebook und Instagram mehr Treffpunkte für Freunde und andere Menschen. Bei YouTube bist du dazu gezwungen hochwertige Videos zu produzieren, um erfolgreich zu sein. Eine Fähigkeit, die man erst erlernen muss. So scheint es zumindest. In diesem Buch gebe ich aber nicht nur Wege mit, wie du sowohl einfach, ohne viel Aufwand Videos für YouTube produzierst, als auch einen Weg, wie du ohne eigene Videos mit YouTube Geld verdienen kannst!
Instagram und Facebook sind da für den normalen Benutzer schon einfacher, da diese Plattformen fast ausschließlich mit simplen Beiträgen, die mit dem Smartphone erstellt wurden, auskommen.

Fast jeder siebte Mensch auf der Welt ist bei Facebook, daher (noch) Platz Nummer 1 bei der Zahl der Mitglieder. Doch es gibt ein Netzwerk, das gerade bei Jugendlichen noch beliebter ist, da es gegenüber jedem anderen Netzwerk entscheidende Vorteile hat!

Instagram ist ein äußerst wichtiges, interessantes und einfach aufgebautes soziales Netzwerk, das
für mich den großen Bruder aus dem gleichen Hause - Facebook – aus bestimmten Gründen ausspielt. Nicht nur, dass Instagram ein boomendes Netzwerk ist, im Gegensatz zu Facebook, hast du mit Instagram die Möglichkeit, ob als persönliche Marke (deiner Person) oder auch einer bestimmten Themen- & Unternehmensseite, schnell, effektiv und vor allem kostenlos mehr Reichweite, mehr Follower, mehr Interaktionen und damit

auch mehr Aufmerksamkeit für deine Person, Marke oder Unternehmen zu bekommen.

Bei Facebook kommst du z.B. als (Themen-, Marken-, Unternehmens-, etc.) Seite kaum darum herum, gegen Geld Werbung zu schalten, um deine Facebook Seite bekannter zu machen. Auch als Privatperson ist es äußerst schwierig, Kontakte aufzubauen. Man kann zwar fremden Personen eine Freundschaftsanfrage stellen, doch die Wahrscheinlichkeit, dass diese – aus heiterem Himmel kommende Anfrage (eines Fremden!) - auch beantwortet wird, ist um einiges geringer, als das Interesse, das man bekommt, wenn man auf Instagram anderen folgt. Dazu kommt, dass man bei Facebook für das System schnell als Spam oder Ähnliches gilt und man Gefahr läuft, dass das Facebook Konto gesperrt wird, wenn man viele Freundschaftsanfragen stellt, die dazu noch nicht beantwortet werden. Ein deutlicher Nachteil Facebooks gegenüber Instagram.

Instagram ermöglicht es, Menschen ohne große Hindernisse, anderen, auch fremden Leuten, einfach zu folgen. Selbst wenn diese Personen ein "privates Profil" haben, ist die Wahrscheinlichkeit der Annahme deutlich höher, als die Annahme einer Freundschaftsanfrage auf Facebook! Dazu kommt, dass das System Instagrams die eigene Instagram Seite praktisch gar nicht als Spam degradiert, wenn man jeder Menge anderer Seiten folgt! Dass es auch hierfür Ausnahmen gibt und man auch bei bestimmten "Fehlern" seine Instagram Seite durch Sperrung durch das System praktisch unwiderruflich verliert, erfährst du ebenfalls in diesem Buch!

Wie du siehst hat Instagram entscheidende Vorteile, die es als soziales Netzwerk der Wahl vom großen Bruder Facebook abheben lässt. Diesen Vorteil von Instagram, mehr Reichweite in kürzerer Zeit - und das auch ohne eine Investition in Werbeanzeigen - zu bekommen, kann man nutzen, um damit Geld zu verdienen oder dich bzw. deine Marke bekannter zu machen. Ein paar einfache Wege dazu findest du hier!

Da du mit Instagram als Mittelpunkt und Plattform der Wahl auch deine social Media Kanäle auf Facebook und YouTube unterstützen kannst, sollte auch dein Fokus auf Instagram liegen!

2. Alles, was du zu Instagram wissen musst

Grundlegendes

Instagram wurde als App entwickelt. Daher ist Instagram das Netzwerk schlecht hin, das komplett für das Telefon ausgelegt ist. Erst langsam öffnete sich Instagram auch dem PC, sodass mittlerweile fast alle Funktionen auch im Browser nutzbar sind. Es gibt aber auch Hilfsmittel, die gerade Leute nutzen sollten, die professionell mit Instagram Geld verdienen wollen und die man bequem über den PC aus steuern kann. Die besten Wege dazu findest du ebenfalls hier in diesem Buch!

Zu aller erst wirst du wohl eine eigene, private Instagram Seite haben. Du hast bei Instagram, wie auch bei Facebook oder YouTube allerdings auch die Möglichkeit, mehrere Seiten auf einmal zu erstellen und zu betreiben. Hast du also die Idee für ein bestimmtes Thema, eine bestimmte Nische, wozu du laufend Beiträge erstellen kannst, die die Menschen interessieren könnte, kannst du bis zu 5 Seiten pro Smartphone in der Instagram App verwalten. Solche Themenseiten eignen sich besonders gut, um Follower, Reichweite und Geld damit zu machen.

Aber auch als Privatperson, Modell, Schauspieler, Fotograf, Freiberufler, Blogger, Bar, Restaurant, Frisör oder sonstige Unternehmen, Instagram eignet sich für alle, die einfach, schnell und günstig Reichweite aufbauen wollen. Reichweite, die man zur Kundengewinnung oder zum Geldverdienen nutzen kann!

2.1 Das Profil

Hier sei dir gleich zu Anfang geraten, dein Passwort so sicher, wie möglich zu wählen, heißt Großbuchstaben, Kleinbuchstaben, Zahlen und vielleicht noch Sonderzeichen. Dann solltest du dringend deine Handynummer hinterlegen und all deine Seiten damit bestätigen. So machst du es erstens Hackern am schwersten, dein Konto anzugreifen und zweitens kommt Instagram nicht so schnell auf die Idee dein Profil zu löschen, weil du deine Zugangsdaten in Drittapps eingegeben hast (später mehr dazu). Aus den selben Gründen solltest du in so wenig wie möglich Geräten mit deinem Instagram Konto angemeldet sein. Im besten Fall nur auf maximal zwei Telefonen (falls du dir das Profil mit jemand anderem teilst) und auf einem PC. Das erst einmal dazu!

Weiter mit der Gestaltung deines Profils.

In deinem Profil hast du die Möglichkeit, einen 150 Zeichen langen Text über dich oder deine Seite zu verfassen und einen Link zu einer Webseite einzubauen. Da Instagram Spam vermeiden will, hat man nur diese eine Möglichkeit, auf Instagram externe Inhalte hinzuweisen. Ein Gelegenheit, die wir clever nutzen müssen. Erst wenn deine Seite über 10k Follower hat, gibt dir Instagram die Möglichkeit, auch Stories zu verwenden, um externe Links einzubauen! Weder in den Beiträgen, noch in den Kommentaren sind klickbare Links möglich. Dafür erlaubt Instagram auch das Einbinden von Hashtags nicht nur in den Beiträgen, sondern auch direkt in deinem Profiltext, sodass dein Profil noch leichter gefunden werden kann. Deshalb baue deinen Profiltext optimaler Weise so auf, dass du ein, zwei oder drei Hashtags in deinem Profil verwendest, Hashtags, zu denen du gefunden werden willst und unter denen es nicht zu viele Beiträge gibt, da du sonst unter der Masse untergehst! Ein guter Richtwert wäre unter 1 Mio. Beiträge.
Nun schmückst du noch deinen Profiltext ein wenig auf, indem du Emojis verwendest, nicht zu viele, aber die deinen geschriebenen Text ein wenig auflockern. Instagram selbst ermöglicht es hier nur, den Text als reinen Fließtext zu bearbeiten, ohne Zeilenumbrüche, die das Ganze geordneter aussehen lassen. Hierbei ist es ratsam, um den Text ordentlicher aussehen zu lassen, mit neuen Zeilen, immer wenn du einen neuen Sinn damit erzählst, den Text, in deiner Notizen App

deines Telefons vorzuschreiben, dort Zeilenumbrüche, Emojis oder eventuell auch eine auffallende Schriftart einzubauen, diesen Text zu kopieren und dann erst in das Eingabefeld in Instagram einzufügen. Erst so übernimmt Instagram die Formatierung deines Textes und lässt alles nicht so langweilig hintereinander Weg in Standardtext darstellen.

Da wir den Link unter dem Profiltext gezielt nutzen wollen, um Besucher darauf zu lenken, musst du in deinem Profiltext noch einen Call-To-Action (= einen Aufruf zur Handlung) einbauen, der deine Besucher dazu animiert, auf den Link in deinem Profil zu klicken. Sowas kann sein, dass du in deinem Profiltext sowas einbaust wie Emojis, die nach unten (und damit direkt auf den Link zeigen), wie den "Zeigerfinger-nach-unten-Emoji" oder den dicken, blauen Button, mit dem Pfeil nach unten. Diese kannst du nun drei bis fünf Mal wiederholen, um deine 150 Zeichen voll auszunutzen und um den Call-to-Action zu verstärken. Ein weiterer Call-to-action ist ein direkter Aufruf zur Handlung, wie "Klicke jetzt auf den Link!" oder "Sichere dir die kostenlose App ‚Spiel XYZ' und sei mein Gegner (oder "versuche bis Level 10 zu kommen") wenn du eine App promotest (siehe das **Kapitel „Geld verdienen"**).

Um dir ein Beispiel für einen guten Profiltext zu geben, auf einer meiner Instagram Seiten habe ich ein Gewinnspiel gestartet, der als Grundlage den Kauf eines meiner Bücher beinhaltete, dessen Verkaufslink, über den ich Geld verdiene, ich in meinem Profil eingefügt habe. Dazu habe ich also meinen Profiltext wie folgt gestaltet: "#gewinnspiel ! Alle, die mein Buch xyz besitzen, haben die Chance auf einen 15 € Amazon Gutschein! Infos siehe Beitrag! Also gehe jetzt auf den Link und sicher dir mein Buch! (Zeigefingernachuntenemoji)". Der Call-To-Action besteht dabei aus dem direkten Aufruf, mein Buch zu kaufen, plus den Zeigefinger-nach-unten-Emoji, der direkt auf den Link unter dem Text zeigt!

Dann hast du die Möglichkeit einen Benutzernamen und einen „richtigen" Namen anzugeben. Der Benutzername ist dabei ein Unikat, den es auf Instagram nur ein einziges Mal gibt. Um

Personen oder Seiten direkt zu finden, hat Instagram nur diese beiden Möglichkeiten an Informationen. Das heißt, wenn du besser gefunden werden willst wählst du als „richtigen" und Benutzernamen etwas, wonach du gefunden werden willst, oder das so ähnlich wie ein beliebter Hashtag klingt. Denn, wenn nun jemand einen bestimmten Suchbegriff in der Instagram Suche eingibt bzw. einen Hashtag, der relativ beliebt ist, ist die Wahrscheinlichkeit umso höher, dass dann auch deine Seite angezeigt wird und deine Seite leichter entdeckt werden kann.

Dann brauchst du noch ein Logo. Auch das kannst du ganz simpel selber erstellen. Wenn du auf die Seite freepik.com gehst und dort nach „logo", „design", „brand" oder ähnliches suchst, wird dir eine riesige Auswahl an Vorlagen angezeigt, die du nur noch mit dem Programm „Microsoft Expression Design", das du kostenlos von Microsoft (oder auch Seiten wie chip.de) bekommst, mit deinem Namen anpassen musst und dann nur noch über deinen Browser bei deinem Instagram Profil hochladen kannst. Alternativ kannst du dir auch professionelle Logos für 5 $ auf fiverr.com von Profis erstellen lassen.

Soweit, wenn du eine bestimmte Themen-/Nischenseite aufbauen willst. Als Unternehmen solltest du natürlich zumindest den Benutzernamen nach deinem Unternehmen oder auch deiner Webdresse nennen und dein Firmenlogo nutzen. Als Privatperson ist dir hier freie Wahl gelassen.

2.2 Der Content

Guter Content ist das A und O! Um den Grundstein zu legen, damit überhaupt Leute Interesse an dich und deinem Instagramprofil haben!

Deswegen hier alle Tipps, wie du einfach deinen Content auf Vordermann bringst:

Instagram als Privatperson

Tipp #1) Fotografiere nicht nur dein Essen! Es sei denn, du bist ein Food Blogger... Ich gebe ja immer den Ratschlag, dass besonders Lifestyle Beiträge für Privatpersonen bei Instagram am besten ankommen. Dazu gehört aber nicht, ein Bild von deinen Mahlzeiten nach dem anderen hochzuladen! Die Menschen wollen dich sehen und was du machst! Deswegen gilt für dein privates Profil: Zeige dich, besonders an interessanten Orten, was du kannst und was du machst! Habe ein interessantes Leben! Lass die Leute an deinem Leben Teil haben. Deswegen kommen wir auch gleich zu Punkt 2.

Tipp #2) Mache nicht nur Selfie Bilder vor deinem heimischen Spiegel. Heißt, geh raus in die Welt, nimm dir ein paar Freunde mit und macht Fotos von euch in Aktion! Selbst wenn es nur solche Bilder sind, die dich allein in einer guten Kulisse zeigen! Wenn du keine Freunde findest, die mit dir Fotos machen wollen, kauf dir ein Stativ, geh in die Stadt, setz dich in Pose und fotografiere dich in Aktion! Nutze den Selbstauslöser deines Smartphones oder eine Bluetoothfernbedienung, die du bei Amazon zusammen mit einem Stativ schon für 20 € bekommst.

Tipp #3) Gib deinen Followern einen Mehrwert! Heißt, unterhalte, bilde oder motiviere deine Follower! Das kann z.B. sein, indem du ein Zitat in deinem Bild einbaust, sei es in dem Bild selbst oder in der Bildunterschrift. Du kannst eine kleine Geschichte zu dem Bild erzählen, oder was auch immer dir einfällt, was du deinen Followern mitgeben kannst. Wenn du einfach nur gut aussiehst, brauchst du dagegen einfach nur

Bilder von dir selbst in guter Pose! Das ist das, was die meisten Follower von dir sehen wollen! ;-)

Tipp #4) Das richtige Format! Generell spielt es keine Rolle, ob du ein Video oder ein Bild hochlädst. Bei Videos ist der Vorteil, dass die Leute länger darauf kleben bleiben, wenn es entsprechend attraktiv gehalten ist und bereits in den ersten Sekunden, das Interesse deiner Follower weckt. Bei Bildern kannst du dir aber den Vorteil des Formats machen! Wenn du Bilder im Hochformat schießt, fällt dein Bild im Newsfeed auf der Startseite besser auf, als ein Bild im Querformat. Warum? Weil die Leute bei einem Bild im Querformat nur einmal zu wischen brauchen, dann ist es weg. Stellst du dagegen Bilder im Hochformat rein, müssen die Leute länger scrollen, damit es verschwindet, heißt, es fällt eher auf, weil es einfach mehr Platz in Anspruch nimmt.

Und Tipp #5) Interagiere mit deinen Followern! Heißt, fordere deine Follower zum Kommentieren oder Verlinken auf. Stelle ihnen eine Frage, eine Entscheidung, oder schreib sowas rein wie "Markiere einen Freund, der davon profitieren wird!". Wenn die Leute dann deinen Beitrag kommentieren, führe die Interaktion fort, indem du den Inhalt des Kommentars aufgreifst und z.B. eine weitere Frage dazu stellst. Aber auf jeden Fall bedanke dich bei Komplimenten und drück nicht nur den gefällt mir Knopf! Wie würden 99% der Leute auf Kommentare antworten?

„Hey, danke für den netten Kommentar!"

„Danke dir!" oder

„Du hast auch coole Fotos!"

Sind diese antworten schlecht? Nein! Sind sie besonders gut? Natürlich auch nicht! Aber wie sehen besonders gute Kommentare aus?

Beispiele:

„Danke dir! Was gefällt dir am besten an dem Foto?"

„Wo machst du deine Fotos so? @username hat das gleiche gesagt!"

„Cool, wie ist deine Meinung zu dem ganzen Thema?"

Auch, wann das im ersten Moment etwas merkwürdig erscheinen mag, haben solche Kommentare den Vorteil, dass sie zur weiteren Interaktion auffordern, beim zweiten noch eine dritte Person mit einbeziehen und mit dem dritten im besten Fall noch eine kleine Diskussion entfacht werden könnte. Du kannst und solltest dir natürlich auch hier etwas einfallen lassen, dass mehr zu dir passt. Sei hier kreativ und bringe deine eigene Note mit rein. Sowas hilft, deinen Beitrag für Instagram als beliebter einstufen zu lassen. Das hat den Vorteil, dass je beliebter der Instagram Algorithmus deinen Beitrag einstuft, desto eher wird er von anderen gesehen und höher auf der Startseite angezeigt. Viele Interaktionen und Verlinkungen sind die Grundvoraussetzung, damit dein Beitrag viral gehen kann und wenn dein Beitrag viral geht, wird er wie ganz von alleine verbreitet und von anderen entdeckt, wodurch du den ein oder anderen zusätzlichen Follower ganz automatisch dazu gewinnst. Deswegen schreibt man auch unter jedem Beitrag sowas wie „Folge ‚@NameDeinerSeite' für die beste Unterhaltung!" oder andere Sätze mit deiner Verlinkung, die zum Folgen deiner Seite aufrufen.

Lege allgemein viel Wert auf hochwertigen Content! Für dein privates Profil, wo es nur um deine Person geht, gebe ich immer den generellen Tipp, dass Lifestyle Bilder bei den Menschen am besten ankommen. Leute blicken gerne zu anderen auf, die Erfolg haben und es im Leben "geschafft haben". Ein interessanter Lebensstil wirkt dabei sehr attraktiv. Mache aufregende Dinge und halte sie in guten Bildern, Videos und Stories fest!

Sollte dir das zu schwer fallen, oder kannst dir keinen ausschweifenden Lebensstil (noch) nicht leisten. Wende Tipp #2 & #3 an! Geh raus und fotografiere dich in guter Kulisse, aus verschiedenen Perspektiven und lade die besten Schnappschüsse davon auf dein Profil. Gib den Leuten einen Mehrwert. Erzähle "Geschichten" mit deinen Beiträgen, bilde (verwende Zitate), motiviere oder unterhalte, indem du dort etwas über dich, dieses Bild oder was dir gerade dazu einfällt, erzählst.
Dinge, die die Menschen sehen wollen. Schließlich sollen sie deine Beiträge liken und kommentieren!

Nutze auch Filter für deine Beiträge, um diese aufzuwerten! Gerade, als Privatperson sei dir geraten, dich nicht nur zu Hause vor deinem Spiegel zu fotografieren! Werte deine Bilder auf, indem du Filter verwendest. Letzteres aber nur in Maßen und keine zu übertriebenen Filter. Ein Video, das dir zeigt, wie du deine Bilder kostenlos professionell bearbeiten kannst, sodass sie aussehen, wie von Fotografen, Fashion Blogger und Models findest du unter dem Link in dem umfangreichen Bonusteil zu diesem Buch.

Instagram als Themen- oder Nischenseite

Wenn du eine Themenseite bei Instagram aufbauen willst, kann ich dir die Tipps geben, dass die Nischen Unterhaltung, Geld verdienen, Business, Sport & Ernährung am besten gehen. Motivationsseiten sind zwar extrem beliebt, weil einfach zu managen, allerdings gibt es davon so viele wie Sand am Meer. Wenn du also in diese Nische gehen willst, solltest du dir irgendein Alleinstellungsmerkmal ausdenken, das dich von all den anderen Tausend Motivations- und Sprücheseiten abheben lässt! Eine Nische, die mir noch gefällt, sind die Themen Musik, Festivals und alles, was damit zu tun hat. Soweit ich weiß, gibt es dazu noch relativ wenig (deutschsprachige) Seiten, sodass man diese Nische gut profitabel nutzen kann! So könntest du z.B. einen Blog über Festivals machen oder der neusten, angesagtesten Musik (oder vielleicht kannst du sogar auflegen bzw. selber Musik machen), kannst du darüber regelmäßig Instagram Beiträge erstellen, dir eine Fan-Gemeinschaft aufbauen, auf deinen Blog lenken und diesen monetarisieren.

Um an Quellen für gute Bilder für Beiträge deiner Themenseite zu kommen, empfehle ich dir Seiten, wie http://pixabay.com , http://freepik.com oder http://canva.com - Seiten, die kostenlose Bilder bereitstellen, die unter den Creative Commons Nutzungsrechten fallen und daher für die freie Verwendung zugelassen sind! Wenn du sonst nämlich bei Google nach Bilder suchst, kannst du nicht ausschließen, Urheberrechte zu verletzen, und im schlimmsten Fall eine Abmahnung erhalten. Es sei denn, du wendest hier folgenden Trick an. Google kann dir nämlich auch nur Bilder anzeigen, die frei zur weiteren Verwendung sind und du ausdrücklich benutzen darfst. Gehe dazu in die Google Bilder Suche und suche nach deinen Stichworten. Dann gehst du im oberen Menü auf „Tools" und dort unter „Nutzungsrechte" auf „Zur Wiederverwendung und Veränderung gekennzeichnet". So erhältst du nur Urheberrechtsfreie Bilder bzw. Bilder unter der Creative Commons Lizenz, die man nutzen darf.

Eine gute Quelle an Beiträgen ist auch pinterest.de, wo du dich kostenlos anmelden kannst und dort nach Ideen/guten Bildern suchen kannst! Aber auch hier gilt wieder, dass du im schlimmsten Fall Urheberrecht verletzt. Dabei sei dir aber auch gesagt, dass die Fälle, bei denen Instagram Nutzern bestraft wurden, weil sie Urheberrecht verletzt haben, gegen Null gehen. Das soll für dich aber dennoch kein Freifahrtsschein sein! Deswegen nutze Stock-Fotos, die du nutzen darfst, aus Pixabay oder ähnliches!

Hast du eine Unterhaltungsseite, kannst du auch bei YouTube nach passenden Videos für deine Instagram Seite suchen und unter "Filter" "Creative Commons" auswählen, dann bekommst du auch dort nur Videos angezeigt, die du auch ohne Probleme weiterverwenden kannst!

Selbst das "Klauen" von Beiträgen, die andere auf ihren Instagram Seiten veröffentlicht haben, ist auf Instagram Gang und Gebe! Wenn du also einen Beitrag von einer anderen Instagram Seite für deine Eigene verwendest, sei wenigstens so fair, gib der Quelle „Credits" und verlinke im Beitrag die Seite, von der du den Beitrag her hast!

Beiträge von Instagram herunter laden, kannst du ganz einfach mit der Seite http://savefrom.net - Dort kannst du entweder die URL des Instagram Beitrages eingeben oder von der Seite die Browsererweiterung „savefrom.net helper" herunter laden und in deinem Browser installieren und schon wird dir bei jedem Instagram Beitrag in der linken, oberen Ecke ein Pfeil zum Herunterladen angezeigt.

Dann sei dir noch geraten: Sieh dich um! Schaue, was all die großen Profile machen, übernimm ihren Stil für dich und kopiere einfach, was bei anderen läuft und was andere so erfolgreich macht!

Instagram als Unternehmen

Wenn du Instagram für dein Unternehmen, egal, ob du Restaurantbesitzer, Frisör, Optiker, sonstiger Dienstleister oder Mittelständischer Konzern bist, nutzt, um dein Unternehmen damit nach außen zu repräsentieren, ist es oftmals nötig, ein „unsexy" Thema, ein Bereich des Lebens, mit dem sich sonst nicht so viele Menschen auseinander setzten würden, so „sexy" zu verpacken, dass es bei der breiten Masse ankommt! Dazu musst du deine Inhalte so wählen, dass sie, wenn du möglichst viel Interesse bekommen willst, besonders die Jugend, also Menschen unter 30 ansprechen, da auf Instagram vorwiegend diese Altersgruppe unterwegs ist. Wie du nun schon weißt, kommen Lifestyle Beiträge auf Instagram besonders gut an, Bilder die einen Mehrwert geben, eine Geschichte erzählen,

Emotionen wecken, Wissen vermitteln oder einfach nur kunstvoll oder unterhaltend sind. Da es von Unternehmen zu Unternehmen immer spezielle überlegt werden muss, wie man die eigenen Inhalte, so für die breite Masse attraktiv macht, dass die Menschen uns gerne folgen, ein Herz oder einen Kommentar da lassen, kann ich dir hier nur raten, wenn du absolut keine Idee hast, wie du deine Inhalte schön und „sexy" verpacken kannst, dich auf Instagram umzuschauen, wie es die „Großen" machen. Um dir ein paar Beispiele zu nennen:

@aldinord (der bekannte Supermarkt weiß bestens Bescheid, was funktioniert und wie man gutes Marketing fährt)

@dritanalsela (ein Barista, der ein Café in Düsseldorf hat und sich auf Instagram eine immense Bekanntheit aufgebaut hat, nur mit dem Thema Kaffee und das als regionaler Unternehmer)

@dirtskirtwear (als Paradebeispiel, wie man eine Marke, einen Lokalen Fashion Store oder sogar einen Frisör auf Instagram vermarktet. Sie verkörpern perfekt den „Lifestyle", den man mit dieser Marke hat!)

Schau dir von ihnen ihren Stil ab, übernimm ein paar Ideen für dich und setze ihr erfolgreiches Marketing für dein Unternehmen um. Da ich dir über den Bonusteil dieses Buches meinen persönlichen Support anbiete, kann ich dir in Einzelfällen auch persönliche Beratung geben, wie du die Inhalte auf deinem Profil besser gestalten kannst, damit dein Profil und damit dein Unternehmen möglichst attraktiv nach außen dargestellt wird. Was ich dir aber sagen kann ist, dass Gewinnspiele und Umfragen (besonders in den Stories) auch hier besonders gut angenommen werden und für viel Interaktionen für bessere Reichweite sorgen. So kannst du ein Gewinnspiel veranstalten, bei dem jeder Abonnent, der in den Kommentaren drei Personen verlinkt oder schreibt, warum sie/er gerade gewinnen sollte, die Chance auf einen Gutschein für dein Produkt, deine Leistung oder dein Unternehmen bekommt.

Wie oft sollte man Beiträge hochladen?

Generell gilt, wenn du als Themenseite gesehen werden und nicht im Instagram Algorithmus untergehen willst, der auswählt, wer deinen Beitrag zu Gesicht bekommt und wer nicht, solltest du drei Beiträge pro Tag reinstellen! Ansonsten gilt: Klasse vor Masse und Qualität vor Quantität! Optimaler Weise bringst du jeden Tag einen neuen Beitrag raus, wenn du optimal wachsen willst! Zu mindest, wenn deine Seite schon eine gewisse Reichweite hast, im ersten Monat, bzw. wenn du noch unter 3000 Follower hast, reicht auch bloß jeden zweiten Tag oder sogar einmal pro Woche einen neuen Beitrag zu veröffentlichen!

Dann solltest du dich noch an die besten Zeiten zum Veröffentlichen von Beiträgen in Sozialen Netzwerken halten. Diese sind arbeitsbedingt, morgens von 6 – 8 Uhr, mittags von 12 – 13 Uhr, nachmittags von 17 – 18 Uhr und abends von 21 - 22 Uhr. Das sind einfach nur die Zeiten, an denen die meisten Menschen online sind und daher deine Beiträge möglichst viele Leute sehen können. Die Hauptzeit ist aber nachmittags von 17 – 18 Uhr nach Feierabend! Da aber auf Instagram mehr Jugendliche unterwegs sind und wenn deine Seite besonders Schüler anspricht, ist Nachmittag ab 15 auch eine Stoßzeit für möglichst viel erreichte Nutzer.

Wichtig ist, dass, auch wenn du mit Instagram Geld verdienen willst, du nicht jeden oder jeden zweiten Beitrag mit Werbung vollkleisterst! Direkte Werbung sollte nur einen Bruchteil deiner Beiträge ausmachen. Dein oberstes Ziel sollte immer sein, deinen Followern einen Mehrwert zu geben! Deswegen sollte Werbung z.B. zu kostenlosen Apps oder Ähnliches, das dir Geld bringt, maximal jeder vierte oder sogar nur jeder achte Beitrag sein! Wenn deine Follower aber von der "Werbung" profitieren, also die Werbung selbst deinen Followern einen Mehrwert gibt, kannst du diese öfter erwähnen! So habe ich z.B. als mein Buch gerade stark reduziert war, gleich vier Tage hintereinander mit einen Beitrag pro Tag auf diese stark reduzierte Aktion hingewiesen!

Dann sei dir ans Herz gelegt, dich auf Instagram umzusehen und zu schauen, was bei den Menschen (und deiner Zielgruppe) ankommt. Schau dir ab, was die "Großen", bekannten Profile machen, mach es ihnen nach und übernehme diesen Stil für dich! Wenn du das alles umsetzt, hast du die Grundvoraussetzungen für ein erfolgreiches Profil gelegt und die Leute werden dir gerne folgen!

Was du noch wissen solltest

Dass Instagram einen Algorithmus hat, der anhand der Beliebtheit deines Beitrages festlegt, wer, wieviele bzw. wie gut dein Beitrag für andere sichtbar ist, sollte Mittlerweile bekannt sein! Darunter zählt die Sichtbarkeit einmal im Feed auf der Startseite bei deinen Followern, unter deinen verwendeten Hashtags und auf der Entdecken-Seite (die Seite, mit dem Lupen-Symbol)! Doch wie weiß, der Instagram Algorithmus, wie beliebt dein Beitrag ist?

Ganz einfach: Anhand der Interaktionen! Heißt, an der Anzahl an Likes, Kommentaren und gespeicherten Beiträgen. Deswegen bekommst du im weiteren Verlauf dieses Kapitels auch noch gezielt Strategien und Wege, wie du Interaktionen auf deinen Beiträgen förderst!

Es gibt aber noch einen kleinen Geheimtipp, der deinen Beitrag für den Instagram Algorithmus beliebter einstufen lässt und zwar die Verweildauer der Benutzer auf deinem Beitrag. Heißt, der Instagram Algorithmus stellt fest, wie lange dein Video angesehen wurde bzw. wie lange die Benutzer auf deinem Beitrag geblieben sind. Was kannst du nun also machen?

Nun kannst du also, die vollen 60 Sekunden für Videos ausreizen, die dazu animieren, dass deine Follower das Video bis zum Ende sehen oder die Galeriefunktion nutzen, um gleich 10 Bilder oder Videos zum nach links Wischen in einen Beitrag zusammen zufassen! Aber auch: Einen Beitragstext zu schreiben, der lang ist, spannend und die Nutzer zum vollständigen Durchlesen animiert, sodass die Leute den Beitrag öffnen müssen, indem sie auf „mehr" klicken und möglichst bis zum Ende durchlesen und dementsprechend lange auf den Beitrag bleiben!

Fazit

Egal, ob du als Privatperson, als Unternehmen, Themen oder Nischenseite bei Instagram mit deinen Inhalten punkten willst, Ziel deiner Seite sollten immer deine Follower sein. Damit dir Menschen überhaupt erst einmal folgen **„wollen",** sollten deine Follower im Vordergrund stehen. Die Leute abonnieren Instagram Seiten, weil sie motiviert, inspiriert, unterhalten, lernen oder Neues entdecken wollen. Heißt für dich: bombardiere die Leute nicht mit langweiligen Beiträgen, bei der sich der Mensch am andere Ende fragt: „Toll!... Und jetzt?" oder „Aha, und weiter?", sondern fokussiere dich darauf, deinen Followern einen echten Mehrwert, einen echte Nutzen zu geben, werbe nicht in jedem Beitrag für dich, deine Produkte, Leistungen oder ähnliches. Unterhalte, motiviere, vermittle Wissen und inspiriere! Finde Vorbilder für deine Nische und übernehme ihren Stil für dich!

Wenn du wissen willst, wie man Instagram in Perfektion ausübt, dann schau bei @millionaire_mentor vorbei. Er hat sich allein mit Instagram ein Millionen Business aufgebaut!

Dann noch das ein oder andere Profil, das Top-Content bringt: @garyvee und besonders @taylorcutfilms für grandiose Inhalte! Auch gut: @samkolder

2.3 Die richtige Hashtag Strategie

Ganz wichtig ist: Bei Instagram sind pro Beitrag 30 Hashtags erlaubt. Diese solltest du auch gezielt nutzen, damit deine Beiträge dazu gefunden werden können!
Suche dir dazu 40 – 60 Hashtags, je mehr desto besser, die zu deiner Seite passen und unter denen du gefunden werden willst! Die richtige Wahl der richtigen Hashtags kann hier einen entscheidenden Vorteil bringen, um von nicht Abonnenten deiner Seite gesehen zu werden! So nützt es z.B. recht wenig, wenn du deutsche Inhalte auf deiner Seite hast und dementsprechend nur nationale Follower aufbauen willst, aber Hashtags verwendest, die besonders ein internationales Publikum verwendet. Außerdem ist es ratsam nicht nur die beliebtesten Hashtags (wie #potd #instalike #girl #boy, etc.) zu verwenden, da diese Millionen von Beiträgen haben und man dadurch unter diesen Millionen von Beiträgen unter geht. Willst du also von anderen entdeckt werden, nutze vorwiegend Hashtags, die unter eine Million Beiträge haben. Diese kannst du zwar aufmischen mit beliebteren Hashtags, diese sollten aber nur sparsam eingesetzt werden. Eine Auswahl an Hashtags sollte also z.B. so aussehen: 5 – 6 Hashtags mit unter 100.000 Beiträgen, 7 – 9 Hashtags mit 100.000 - 500.000 Beiträgen, 4 – 6 Hashtags mit 500.000 - 1 Mio. Beiträgen und 2 – 3 Hashtags mit > 1 Mio. Beiträgen. Dann kannst du dir noch zu Nutze machen, dass du einen Hashtag nimmst, der für dich individuell ist, den nur du verwendest und unter dem fast ausschließlich nur deine Beträge gefunden werden können.
Dann sei dir gesagt: Weniger ist mehr! Von offizieller Seite Instagrams heißt es, dass sie nur 0 – 4 Hashtags pro Beitrag empfehlen. Instagram degradiert dich angeblich als „Like-geil" (oder Spammer) ab, wenn du zu viele Hashtags verwendest und zu viele, die nicht zu dem Beitrag passen. Es heißt, dass du, wenn du viel Interaktion hast und du viele Hashtags benutzt, der Instagram Algorithmus den Durchschnitt der Interaktion pro

Hashtag nimmt, um deine Beliebtheit einzustufen, weshalb weniger Hashtags, dafür aber viele mit 50.000 – 500.000 Beiträgen, als erfolgreicher angesehen werden. Das soll dazu führen, dass deine Beiträge als beliebter eingestuft werden und du auf der Entdecken-Seite und unter den beliebten Beiträgen der Hashtags erscheinst. Nur können viele Blogger oder Betreiber erfolgreicher Instagram Seiten aus ihrer Erfahrung diese maximal 4 Hashtags nicht bestätigen. Meiner Erfahrung nach hast du mit 12 – 25 (Im Schnitt 20) die beste Reichweite.

Ein weiteres Gerücht heißt, dass Instagram Abwechslung liebt! Du wirst angeblich von Instagram mit einer besseren Positionierung auf der Startseite deiner Follower belohnt, wenn du nicht jedes Mal genau die selben Hashtags verwendest. Egal, ob das aus Sicht des Instagram Algorithmus stimmt oder nicht, letzten Endes bestrafst du dich selber, wenn man dich immer nur unter den selben Hashtags findet. Denk einfach mal darüber nach, wieviele dich entdecken könnten, wenn du viele verschiedene Hashtags verwendest! Wenn du schon „copy & paste" verwenden willst, dann mach dir in der Notizen App deines Telefons Notizen mit verschiedenen Hashtags, die zu deiner Seite und den Beiträgen passen und rotiere durch diese unterschiedlichen Kombinationen der Hashtags durch. Wenn du also drei bis fünf verschiedene Hashtagsammlungen in den Notizen deines Telefon hast, kannst du jedes Mal eine andere dieser Kombinationen verwenden und Instagram, belohnt dich mit mehr Likes. Falls dir nicht genügend Hashtags für diese Strategie einfallen, ist ein guter Rat, Städtenamen zu nehmen, zu denen es passend der Strategie von oben, entsprechend viele Beiträge gibt. Kleine Städte haben dabei oft unter 100k Beiträge und Größere auch locker über 1 Mio.! Städte Hashtags werden auch relativ häufig abonniert oder aufgerufen, sodass du mit diesem Trick auch besser gesehen werden kannst. Such dir entsprechend dazu ein paar Städte Hashtags mit passenden Beitragszahlen heraus.

Wichtig ist, dass du die „Stärke" deiner Hashtags nach der Größe deiner Seite und dem natürlichen Engagement auf deine

Beiträge auswählst. So sei dir wärmstens empfohlen, je weniger Engagement (Likes & Kommentare) deine Beiträge erhalten, desto mehr Hashtags mit wenigen Beiträgen solltest du nehmen. Erst, wenn dein Engagement auf deine Beiträge größer wird, kannst du Hashtags mit mehr Beiträgen nehmen, die dann natürlich auch beliebter sind. Der Grund dafür ist einfach: Bei beliebten Hashtags mit über eine Millionen Beiträgen, kommen im Sekundentakt neue Beiträge dazu, worunter auch Seiten dabei sind, die deutlich größer sind als deine und die mehr Engagement haben. Als entsprechend kleine Seite hast du es hier umso schwerer, entdeckt zu werden, und mit deinen Beiträgen unter den beliebtesten zu landen, wenn du aufgrund deiner Größe noch nicht so viele Likes und Kommentare auf deine Beiträge hast, gegen die Großen anzukommen. Das heißt, deine Beiträge verlieren in diesem Fall an Aufmerksamkeit und gehen unter der großen Masse und unter den „stärkeren" Seiten als deine, unter!

Wie funktioniert also die richtige Hashtagrecherche?

Dazu gibst du einfach nur Begriffe, die zu deiner Seite und deinen Beiträgen passen in die Hashtagsuche ein (siehe Bilder unten). Wenn du dort auf den einen Hashtag klickst, wird dir die Größe, heißt, die Anzahl an Beiträgen und verwandte Hashtags angezeigt. So kannst du Schritt für Schritt nach Schlüsselbegriffen für dich suchen, notieren, dazu ihre Stärke, heißt Anzahl an Beiträgen und verwandte Hashtags aufschreiben, die dir angezeigt werden und zu deinen Inhalten passen.

28

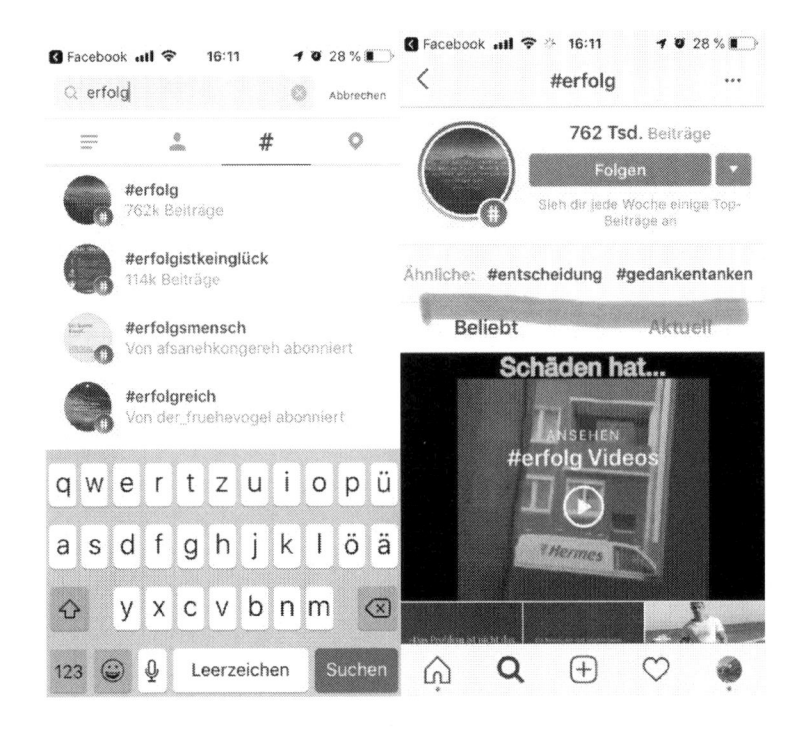

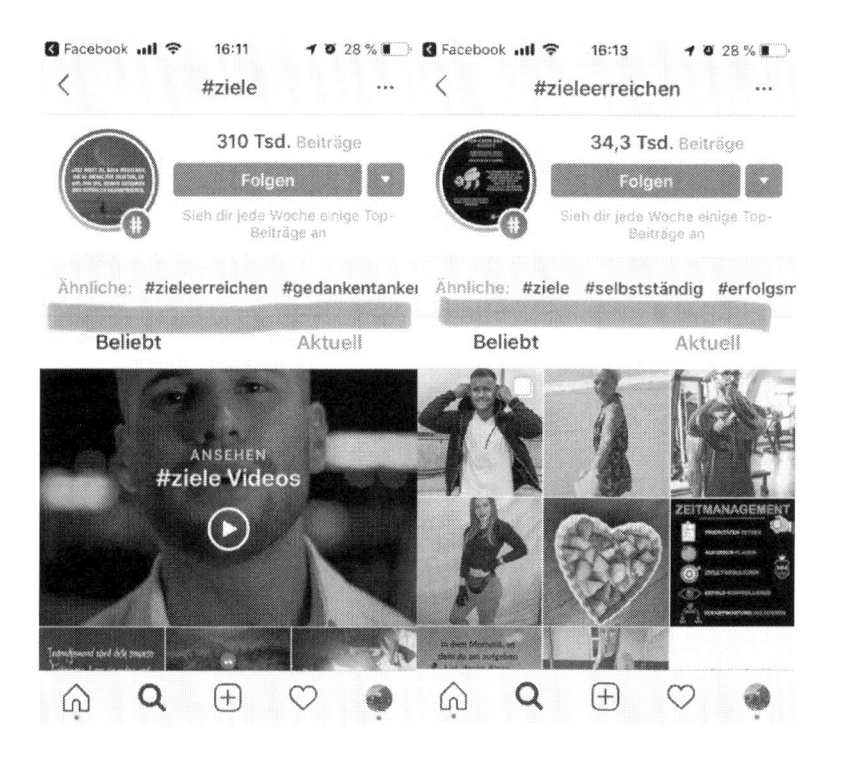

Was du für die Wahl der richtigen Hashtags noch wissen solltest: Hier gilt es, den perfekten Grad zwischen kleinen und dennoch beliebten Hashtags zu wählen. Denn, je unbeliebter die Hashtags sind, desto weniger suchen danach. Das heißt, du bekommst dadurch nicht mehr Aufrufe, als wenn du stattdessen einen beliebteren Hashtag genommen hättest, sondern vielleicht sogar weniger, weil einfach weniger Leute danach suchen. Wenn du aber einen zu beliebten Hashtag nimmst, bekommst du weniger Aufrufe, weil du in der Masse an Beiträgen untergehst. Deswegen sei dir hier geraten, ein gutes Mittelmaß zu nehmen. Die Richtwerte von oben, die dir sagen, wieviele Hashtags du mit bestimmten Beitragszahlen nutzen solltest, passen da ganz gut.

Dann solltest du wissen, dass die Menschen auf Instagram gerne Städte Hashtags verwenden und diese auch gerne abonnieren. So kannst du auch super Hashtags der Größe nach ausfindig machen: Kleine Orte haben wenig Beiträge, große Städte viele. Das heißt, wenn du immer mal auch Städtenamen als Hashtags verwendest, hast du eine weitere, gute Chance, zusätzliche Reichweite zu bekommen.

Nicht nur der Übersicht wegen, sondern auch wegen des besseren Eindrucks packen wir in die Bildbeschreibung keine Hashtags, außer vielleicht 3, die die Aussage des Beitrages erweitern. Den Rest packen wir direkt als ersten Kommentar unter den Beitrag. Dieser Trick ist eigentlich noch ein Relikt aus den Zeiten, als man seine Instagram Beiträge nachträglich nicht noch mal bearbeiten konnte. So haben die Leute angefangen, ihre Hashtags in die Kommentare zu setzen, um nachträglich noch mehr Reichweite zu bekommen... Apropos: Niemand kennt den Instagram Algorithmus wirklich zu 100 %, dennoch geht das Gerücht rum, dass man seine Beiträge nachträglich nicht noch einmal bearbeiten soll, weil der Algorithmus den Beitrag dann angeblich schlechter einstuft. Auch das konnte ich so noch nicht bestätigen...
Jedenfalls, wenn du die Hashtags in die Kommentare packst, unterscheidet Instagram nicht, ob die Hashtags im Beitrag selbst oder im Kommentar stehen, sodass dein Beitrag auch unter den gewählten Hashtags zu finden ist, wenn diese sich versteckt, als erstes in den Kommentaren befinden! Offiziell hieß es zuletzt von Instagram, wie ich dir bereits gesagt habe, dass sie selber nur null bis vier Hashtags pro Beitrag empfehlen. Auch das kann ich so nicht bestätigen. Wenn du dem aber Glauben schenken möchtest, beschränke dich auf eben diese maximal vier Hashtags, die die Aussage zu deinem Beitrag erweitern und setze diese auch direkt in den Beitrag.

2.4 Mehr Interaktionen

Um auf Instagram gefunden zu werden und auch, um möglichst viele Likes und Kommentare auf die eigenen Beiträge zu bekommen, musst du verstehen, wie der Instagram Algorithmus funktioniert! Dieser stuft nämlich einen Beitrag als umso beliebter ein, je mehr Likes und vor allem Kommentare dieser hat! Wenn dein Beitrag von Instagram also als beliebt eingestuft wurde, landen deine Beiträge erstens auf der Startseite deiner Follower ganz oben, zweitens ganz oben unter den verwendeten Hashtags als "beliebte Beiträge" markiert und im besten Fall auf der "Entdecken-Seite", die du im Menü in Instagram unter der Lupe findest! Stuft Instagram deinen Beitrag also als beliebt ein, ist es Instagram selbst, was deine Beiträge fördert und promotet, und sorgt automatisch dafür, dass du entdeckt wirst! Dazu ist es äußerst ratsam, die Menschen, die deine Beiträge sehen, zur Interaktion mit deinen Beiträgen aufzufordern! Dazu zählen: Aufforderungen zum Kommentieren, zum Liken und zum Verlinken! Letzteres hat dabei den höchsten Wert, da durch das Verlinken dritter, auch Leute die Chance haben, auf dich aufmerksam zu werden, die deine Seite noch nicht kennen! Um ein Austricksen des Instagram Algorithmus zu verhindern, heißt es auch, dass Instagram einen Kommentar auch als solches für die Beliebtheit deines Beitrages wertet, wenn dieser mindestens vier Worte beinhaltet.

So kannst du z.B. zu der Aussage zu deinem Beitragsbild darunter schreiben "Wie siehst du das? Kommentiere!" Oder "Markiere einen Freund, der davon profitieren sollte!" Oder, wenn du z.B. ein lustiges Video hast "Markiere einen Freund und sag nichts!". Als Aufforderung zum Liken kann man z.B. in einem Bild auch Elemente einbauen, die zusammen mit dem Herz, das auf dem Bild beim Liken erscheint, auf dem Beitrag etwas darstellen. Lass dir an dieser Stelle etwas einfallen, was eben genau dazu dient, die Leute, die deine Beiträge sehen, dazu animiert, diese zu liken, zu kommentieren und zu verlinken!

Wenn nun also Leute mit dir oder deinen Beiträgen in Form von Kommentaren interagieren, ist es außerdem ratsam, diese Kommentare, im besten Fall mit einer Antwort darauf selber noch einmal zu kommentieren, um die Interaktionen fortzuführen und um möglichst viele Kommentare zu bekommen! So kannst du Gegenfragen stellen, sowas schrieben wie „@xyz ist da ähnlicher Meinung" oder „@zyx Siehst du das genau so?" oder dich ausführlicher für einen Kommentar bedanken. Lass deiner Kreativität hier freien Lauf!

Noch ein schönes Beispiel für einen genialen Beitragstext zum Schluss... Ein Fashion Blogger, der mir mal positiv in der Hinsicht aufgefallen ist, hat ein Foto von sich, hochgeladen und als Beitragstext geschrieben: „Leave a comment with your city and describe the weather with one emoji".

2.5 Mehr Reichweite bekommen (mehr Follower)

Instagram ist ein soziales Netzwerk, wenn du also gesehen werden willst, lautet die Erste Regel: Sozialisiere dich! Heißt, folge, like, kommentiere und verlinke! Wenn du das im großen Maßstab machst und auch bei fremden Leuten, machst du so ganz natürlich auf dich aufmerksam. Wenn du z.B. mit einem interessanten Kommentar auf dich aufmerksam machst, gehen die Leute auf dein Profil. Wenn du dort nun entsprechend anziehenden Content hast, sind die Menschen dazu geneigt, dir zu folgen. So kannst du z.B. anderen Seiten, die deiner ähnlich sind, folgen, die Beitragsbenachrichtigungen aktivieren und immer, wenn ein neuer Betrag draußen ist, als erster einen Kommentar darunter setzen. Wenn du das im großen Stil machst, entdecken dich die Leute, die diesen Seiten folgen.

Die beste Methode aber, um möglichst schnell, möglichst viele Follower zu bekommen ist nun, selber anderen zu folgen! Instagram hat bei allen Interaktionen Limits. So kannst du maximal nur 7500 Seiten folgen, nur 60 – 120 likes pro Stunde (bei neuen Seiten), genau so viele Kommentare pro Stunde geben und genau so vielen Leuten pro Stunde folgen. Je länger es deine Seite schon bei Instagram gibt, desto höher ist das Limit. Ist deine Seite erst ein paar Wochen alt, erlaubt dir Instagram nur jeweils 60 der genannten Interaktionen pro Stunde. Ist deine Seite schon ein paar Monate alt, sind es maximal 200 Kommentare, 200 Likes und 200 mal folgen pro Stunde bzw. auf einmal möglich. Das Limit pro Tag beträgt dabei jeweils ca. 1200 jeder, der genannten Interaktionen!

Wenn du diese stündlichen Limits erreichst, "sperrt" dich Instagram für ca. eine Stunde in den Interaktionen. D.h., hast du einmal 200 Likes pro Stunde verteilt oder 200 Seiten gefolgt, lässt dich Instagram beim nächsten Bild einfach nicht mehr liken oder bei der nächsten Seite nicht mehr folgen, sodass du erst einen Zeitraum von meistens einer Stunde lang warten musst, um weitere Interaktionen tätigen zu können.

Die Strategie, um nun diese Limits auszureizen und möglichst effektiv zu wachsen, ist, dass du morgens noch vor der Arbeit anfängst, solange anderen Profilen zu folgen, bis dir Instagram das Time out setzt bzw. noch besser kurz davor und du (erst einmal) keinem weiteren folgen kannst. Das machst du nun bis zum Mittag verteilt, bis du insgesamt 600 -700 Leuten folgst. Du wirst merken, dass dir, je nach Content, den du auf deiner Seite hast, von diesen 600 bestenfalls 100 Leute zurück folgen! Nach dem Mittag, wenn du 600 Leuten folgst, fängst du nun an, komplett allen, bis auf vielleicht 60 - 80 wieder zu entfolgen, damit du am nächsten Tag wieder von vorne beginnen kannst und neuen 600 Leuten folgst! Falls deine Seite noch jung ist, kann es auch passieren, dass Instagram dir erlaubt, nur maximal 20 Seiten auf einmal, heißt am Stück, zu folgen, bis du den nächsten 20 Leuten folgen kannst. Da ich mehrere Instagram Seiten betreibe, die ich auch monetarisiere, um Geld damit zu verdienen, habe ich, als das bei mir auftrat, 20 Leuten bei der einen Seite gefolgt, bin zur meiner nächsten Seite gegangen und habe mit dieser Seite 20 Leuten gefolgt, um danach neuen 20 Leuten bei der ersten Seiten zu folgen. So bin ich die Reihe durch alle meine Instagram Seiten durchgegangen, um über den Tag verteilt auf mein Pensum an gefolgten Leuten zu kommen. Da diese Variante zeitaufwendiger ist, habe ich die Strategie so geändert, dass ich an einem Tag 1100 – 1200 Leuten von morgens bis abends über den Tag verteilt gefolgt habe. Am nächsten Tag habe ich dann allen 1200 Leuten wieder entfolgt (nicht ganz auf 0, sondern, dass noch ca. 60 -80 übrig bleiben), um am Tag darauf wieder neuen 1200 Leuten zu folgen! Probiere für dich aus, mit welcher Strategie du am meisten Erfolge hast. Der Vorteil, einen kompletten Tag nur mit Folgen zu nutzen und den nächsten nur mit entfolgen, ist, dass du den Leuten mehr Zeit gibst, auf dich aufmerksam zu werden und dir

dadurch insgesamt mehr zurück folgen. Also probiere aus, mal 600 Leuten bis mittags zu folgen und bis zum Ende des Tages wieder allen zu entfolgen oder an einem Tag 1200 Leuten zu folgen, um am nächsten Tag wieder allen zu entfolgen.
Dabei solltest du darauf achten, wenn du am darauf folgenden Tag 1200 entfolgst, du das vor 20 Uhr erledigt hast, sonst kann es sein, dass Instagram am nächsten Tag dein Tageslimit für Folgen auf ca. 800 herab setzt. Damit hättest du eine geringere Ausbeute, als wenn du am Vortag bis zum frühen Abend bis auf 60 – 80 Seiten wieder allen entfolgt bist.
Um das Bestmögliche mit dieser Strategie herauszuholen, ist es nun wichtig, dass du nicht irgendwelchen Leuten folgst, sondern genau die Leute, die du mit deiner Seite ansprechen willst, deine Zielgruppe! Schreibe dir dazu nun deinen idealen Follower auf, was dieser für Eigenschaften hat (Alter, Geschlecht & Vorlieben) und wo du diese findest! Das "Wo" ist dabei ganz wichtig. Wenn dir bewusst ist, wo du deine Zielgruppe findest, welchen Seiten sie folgen, welche Hashtags sie nutzen und welche Beiträge ihnen gefallen, suchst du nun nach Instagram Seiten, die genau deine Zielgruppe bereits als Follower haben und nach Hashtags, die deine Zielgruppe verwendet! Suche dir dazu nun am besten mindestens 50 Seiten, die deiner Seite ähnlich sind, und somit schon deine Zielgruppe als Follower haben sowie 50 Hashtags, die deine Zielgruppe verwendet. Schreib sie dir auf, mache Screenshots davon oder was auch immer, damit du dir diese merkst.
Um ähnliche Seiten, wie deine und deine richtige Zielgruppe zu finden, kannst du Stichworte in der Instagram Suche eingeben und dir die Seiten notieren, die du dazu findest (siehe Bilder unten). Wenn du also eine Seite mit witzigen Beiträgen hast, und dir von anderen entsprechenden Seiten die Follower "klauen" willst, suche in Instagram nach *Humor, Witze, lustig, fun, fail* oder ähnliches. Die Seiten, die dir nun dazu angezeigt werden, überprüfst du darauf, ob sie ähnliche Inhalte haben, wie deine Seite. Um weitere ähnliche Seiten zu finden, kannst du auch auf den kleinen, blau hinterlegten Pfeil rechts neben dem Folgen Knopf drücken, dann zeigt dir Instagram ähnliche, für dich eventuell relevante Seiten an.

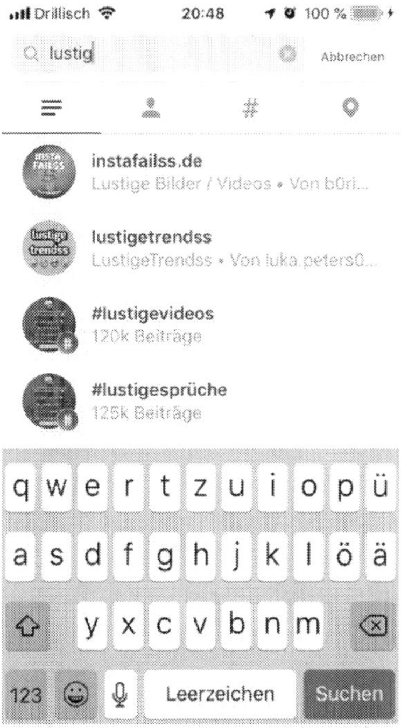
Drillisch 20:48 100 %
lustig
Abbrechen
instafailss.de
Lustige Bilder / Videos • Von b0ri...
lustigetrendss
LustigeTrendss • Von luka.peters0...
#lustigevideos
120k Beiträge
#lustigesprüche
125k Beiträge
Leerzeichen
Suchen

Drillisch 20:48 100 %
instafailss.de
1.093 130 T... 559
Beiträge Abonnenten abonniert
Folgen
Lustige Bilder / Videos
Just For Fun
Die lustigsten Chats
Jeden Tag die beste Unterhaltung
Mein Privat Account: @mari.gt1
Von b0ri5jdm und malik.7k7 abonniert
IGTV
5 Videos
E-Mail

Drillisch 20:48 100 %
instafailss.de
1.093 130 T... 559
Beiträge Abonnenten abonniert
Folgen
Vorschläge für dich
Alle anzeigen
Flachwitze - D...
flachewitze.de
Folgen
Lustige Ortssc...
lustige.ortsschild...
Folgen
Lustige Bilder / Videos
Just For Fun
Die lustigsten Chats

Was du nun tust: Gehe auf die Seiten, die bereits deine Zielgruppe als Follower haben, geh auf "Abonnenten" und klicke dich nun der Reihe nach durch die Leute, um diesen zu folgen!
Da du dabei aber irgendwann recht weit nach unten scrollen musst, um weiteren Leuten zu folgen, kannst du auch auf einen Beitrag nach dem anderen von dieser Seite gehen, auf die Zahl der "gefällt mir"-Angaben klicken und dort dann der Reihe nach jedem zu folgen, der diesem Beitrag ein Herz gegeben hat. Wichtig für dich ist hier, dass du keinen "Fake Profilen" folgst, sondern nur Seiten, die augenscheinlich echte Menschen (und falls deine Inhalte auf Deutsch sind, auch deutscher Sprache) sind! Alles andere nützt dir nämlich nichts! So kannst du nun an einem Tag mal die Follower von einer Seite holen, die bereits deine Zielgruppe hat und am nächsten Tag kannst du das Spiel mit einem Hashtag machen, den du dir aufgeschrieben hast. Das heißt, an einem anderen Tag gehst du auf die Hashtagsuche und lässt dir alle Beiträge zu einem Hashtag deiner Zielgruppe anzeigen. Du kannst nun entweder allen passenden Leuten folgen, die einen Beitrag zu diesem Hashtag veröffentlicht haben oder den Leuten, denen ein Beitrag dieses Hashtags gefällt. Da ich aber immer Seiten gefunden habe, von denen ich die Follower „klauen" konnte, brauchte ich selber nie nach Hashtags zu suchen und dort den Leuten zu folgen, die diesen Beiträgen ein Herz gegeben haben.

Je zielgerichteter du Leuten folgst, je besser deine Beiträge auf deiner Seite sind (auch dein Profiltext ist viel entscheidend!) und du das Limit für Folgen/Liken/kommentieren ausreizt, schaffst du so locker durchschnittliche 100 echte Follower pro Tag, die echtes Interesse an deine Seite haben und damit 10k echte Follower in drei Monaten!
Für dein **Privatprofil** sei dir noch gesagt: Wenn du als Person das Folgen/Entfolgen Spiel spielst, hast du oft eine bessere Ausbeute, wenn du bei den Leuten, denen du folgst, noch ein bis drei Likes hinterlässt. So fällst du eher positiv bei den Leuten auf und holst das Maximum heraus.

Der ein oder andere mag jetzt vielleicht anmerken, dass es 1. unfair ist, den Leuten wieder zu entfolgen, wenn sie dir nach deinem Abonnement zurück folgen und 2., dass dann aus „Rache" weil ich den Leuten entfolgt bin, sie mir auch wieder entfolgen... Die Sache hier ist ganz einfach: Leute, die echtes Interesse an deiner Seite haben, werden dir nicht entfolgen, auch wenn du ihnen entfolgst. Das sind dann wirklich echte Follower, die auch mit dir und deinen Inhalten interagieren. Damit trennst du eh nur die Spreu vom Weizen. Dann kannst du ja gerne probieren, das Limit von 7500 Seiten, die man maximal auf Instagram folgen kann, auszureizen. Dann wirst du sehen, dass dir im besten Fall 5000 zurück folgen und gegebenenfalls noch Leute dazu kommen, die dich entdeckt haben, weil Instagram dich als beliebt einstuft, da du schnell mal ein paar 1000 Abonnenten dazugewonnen hast. Wenn du nun aber darüber hinaus weiter so rasant wachsen willst, musst du zwingend Platz schaffen und Seiten entfolgen, damit du wieder neuen folgen kannst, um so Schritt für Schritt, möglichst effektiv Reichweite aufzubauen. Du kannst natürlich, wenn du all deine 7500 Seiten „aus Nettigkeit" behalten willst, den Rest bis zu den 10k mit Shoutouts, Engagement Gruppen, Stories, der richtigen Hashtagstrategie und den Aufrufen zur Interkation auf deine Beiträge, dazuzugewinnen, nur wirst du sehen, dass das deutlich langsamer ist, als wenn du konsequent folgen/entfolgen spielst. *(All diese Tipps findest du im Verlauf dieses Kapitels!)* Und mal ehrlich: Es sieht einfach auch doof aus, wenn du selber tausenden von Seiten folgst!...

Gerade, wenn du mehrere Seiten betreibst, wirst du merken, dass das Folgen/Entfolgen auf Dauer lästig wird. Deswegen nutze unbedingt alle Tipps zum Wachsen aus diesem Buch! Tatsächlich kannst du, wie ich dir gerade genannt habe, auch ohne Folgen/Entfolgen viel Reichweite aufbauen und die 10k Follower erreichen. Nur eben langsamer. Wenn du jeden Tag konsequent ein Shoutout von einer anderen Seite bekommst, du mit Stories arbeitest, die richtigen Hashtags verwendest und Interaktionen auf deine Beiträge förderst, kannst du selbst damit kontinuierlich wachsen und dein Ziel von 10k Follower und mehr erreichen!

Zwei Strategien, die dir einfacher noch ein paar Follower bringen, wären das Folgen anderer Seiten deiner Nische/Zielgruppe, dort die Beitragsbenachrichtigungen zu aktivieren und dann immer, wenn ein Beitrag frisch raus gekommen ist, möglichst als erster einen ernst gemeinten, aufrichtig positiven Kommentar darunter zu setzen und mit dem Beitragsverfasser zu interagieren. Somit entdecken dich immer und immer wieder viele der Leute, die die Beiträge dieser Seite sehen!

Dann solltest du als zweites noch wissen, dass du auch noch ein paar Follower bekommst, wenn du bei großen Seiten immer wieder zu den Stoßzeiten, also morgens, mittags, nachmittags und abends ganz oben in den Listen der Abonnenten stehst. Das heißt, du folgst diesen Seiten immer wieder neu zu Beginn der besten Zeiten. Damit wirst du nach jedem neuem Folgen der Seite wieder ganz oben unter den Abonnenten angezeigt. Leute, die nun die Liste der Abonnenten durchgehen werden dich so leichter entdecken! Das funktioniert umso besser, je anziehender und auffälliger dein Profilbild ist.

2.6 Arbeite mit Stories!

Stories sind ein wertvolles Mittel, das Instagram uns geschaffen hat, nicht nur um unsere Seite persönlicher wirken zu lassen, sondern auch Beiträge zu promoten, entdeckt zu werden oder durch "Call-to-Actions" z.B. auf deinen Biolink/Swipe-up Link oder zu anderen Seiten zu verweisen und Geld damit zu verdienen!

So kannst du z.B. jedes Mal, wenn du einen Beitrag gefördert haben willst, eine Story darüber machen (also den Beitrag über das Papierflieger-Symbol unter dem Beitrag an deine Story schicken), den ein oder anderen Hashtag hinzufügen, einen Ort markieren und so auf dich und den Beitrag aufmerksam machen. Das Tolle ist nämlich, wenn du in deinen Stories wieder gute Hashtags (die mit leicht unterdurchschnittlichen bis durchschnittlichen Beitragszahlen) verwendest und irgendeinen Ort angibst, wird deine Story auch von Leuten gesehen, die durch die Hashtags oder den Ort zu dir und deiner Story gekommen sind. So kannst du zusätzlich Reichweite aufbauen und von noch nicht Followern entdeckt werden! Allein der Hashtag „#spruchdestages" hat mir ca. 1700 zusätzliche Aufrufe gebracht, während eine vergleichbare Story vorher, nur mit dem beliebteren Hashtag „#quoteoftheday" nur ca. 30 Leute allein durch den Hashtag gebracht hat.

Sind deine Stories also, genau wie deine Beiträge qualitativ hochwertig, kannst du somit noch eine kleine Anzahl zusätzlicher, neuer Follower gewinnen!

Dazu ist ein Trick, damit die Leute bei dir bleiben, mindestens zwei Stories direkt hintereinander zu machen, die den selben Hashtag und den selben Ort verwenden. Hast du jeweils nur eine Story dazu, kann es zwar sein, das die Leute auf deine Story kommen, aber nicht bei dir bleiben und beim weiter Wischen weg bist! Hast du also gleich zwei Stories direkt hintereinander, die die selben Verlinkungen haben (aber einen anderen Text, eine andere Umfrage, das Ergebnis einer gestellten Frage – was gleich mehrere Stories hergeben würde – dazu ein anderer Call-to-Action - heißt eine andere Formulierung - oder oder oder), hast du eine viel höhere Chance, dass die Leute bei dir bleiben, als wenn sie nur eine einzige 15 sekündige Story von dir sehen. Kombiniere hier auch mit anderen Inhalten, sodass du gleich mehrere Stories nutzt, um auf dich aufmerksam zu machen. Also, zwei/drei Stories mit

Hashtags A/B/C und Ort X und dann danach zwei/drei Stories mit Hashtag D/E/F und Ort Y!

Darüber hinaus kannst du Stories nutzen, um auf deine Beiträge bei deinen bereits vorhandenen Followern hinzuweisen, damit diese mehr Likes und mehr Kommentare erhalten und du deinen Beitrag damit bei Instagram beliebter machst! Geh dazu bei einem Beitrag auf das Papierfliegersymbol und dann auf „An Story schicken" und du kannst sofort aus einem Beitrag eine Story veröffentlichen. Dann fügst du einen Sticker ein sowie einen Text, der einen Call-to-Action zum Tippen auf den Beitrag beinhaltet.

Auch kannst du Stories wunderbar dazu nutzen, um Geld mit deiner Instagram Seite zu verdienen!

Hast du nämlich über 10k Follower, ermöglicht es dir Instagram in deiner Story einen Link einzubauen, den die Leute mit einem nach oben Wischen öffnen können! So kannst du also mit deiner Story etwas bewerben, womit du Geld verdienst, eine Aufforderung zur Handlung (=Call-to-Action) einbauen (z.B. "Wische jetzt nach oben!" oder mit ein paar dieser lustigen „swipe up" GIFs) und somit die Leute gezielt auf einen Link zu führen!

Aber selbst, wenn du noch keine 10k Follower und damit noch nicht die Möglichkeit hast, in deinen Stories Links zu verwenden, kannst du du „Swipe up" Funktion nutzen. Wenn du nämlich keinen Link in deiner Story hast, öffnet das nach oben Wischen die Nachrichten Funktion. So kannst du z.B., wenn du gerade ein unglaubliches Angebot hast, das du bewerben möchtest, die ein oder andere Story darüber machen mit der Aufforderung" Wisch nach oben und schreibe ‚Info' für mehr". Jedem, der dir dann direkt auf deine Story antwortet, kannst du mit den Tricks aus dem Kapitel „Strategien zum Geldverdienen", ähnlich wie beim Vorgehen in Facebook Gruppen, deine Interessenten mit ein paar passenden Nachrichten weiter aufwärmen, heißt ihr Interesse an deine Produkte/Angebote/Leistungen, etc. größer werden zu lassen und dort deine Links im Nachrichtenverlauf an jeden Interessenten zu schicken.

Auch bei Stories empfiehlt es sich die richtige Hashtagstrategie aus dem Buch anzuwenden und Hashtags mit wenigeren

Beiträgen zu verwenden. Auch hier könntest du so theoretisch 30 Hashtags ausreizen. So kannst du die hinzugefügten Hashtags soweit verkleinern, dass man sie kaum noch wahrnimmt und dann alle übereinander legen oder einen Sticker darüber packen, sodass sie nicht mehr sichtbar sind. Damit hast du die Chance, dass deine Stories zu jedem dieser Hashtags gefunden werden können.

Das Tolle an Stories ist ebenfalls, dass du diese als Highlight in deinem Profil dauerhaft und für jeden sichtbar archivieren und diese so gezielt für Werbezwecke nutzen kannst!

2.7 Nutze Geotags

Das sind die Angaben von Orten in deinen Beiträgen und deinen Stories. Das müssen noch nicht einmal die echten Standorte von dir sein, sondern sollten, genau, wie die Hashtagstrategie richtig gewählt werden. So werden deine Inhalte automatisch von Instagram auch anderen Leuten, die dir wahrscheinlich noch nicht folgen, angezeigt und zwar bei jedem, der Beiträge und Stories eines bestimmten Ortes sucht. Auch hier gilt wieder, wie bei der Hashtagstrategie: Je weniger Beiträge unter den Orten vorhanden sind, desto weniger gehst du in der Masse unter. Beachte trotzdem, dass dir Verlinkungen von Orten mit zu geringen Beiträgen kein Suchvolumen haben, d.h., Leute nicht danach suchen. Ideal sind also auch hier wieder Standortangaben von Orten, die um die 100.000 (bis 500.000) Beiträge haben. Das gilt sowohl für Stories als auch für Beiträge. Möchtest du allerdings gezielt Leute aus deinem Ort erreichen, nimm deinen echten Standort!

2.8 Partnerschaften & Shoutouts

Willst du deiner Reichweite und deinem Wachstum das gewisse Extra verleihen, ist es äußerst ratsam, Partnerschaften mit anderen Seiten einzugehen und andere Seiten um Shoutouts zu bitten. Finde dazu möglichst große Seiten, die deine Zielgruppen bereits als Follower haben und dann setze die „Like-Bombe" ein. Da Seiten weit über 10k Follower nur so mit Interaktionen überhäuft sind, musst du schon, um bei diesen aufzufallen die „Bombe platzen lassen". Dazu machst du einfach nichts Weiteres als jeden Beitrag dieser Seite hintereinander weg mit einem Herz zu versehen, bis du vielleicht 30 Beiträge mit einem Herz versehen hast. Dann schreibe – nicht im selben Zug, aber bei jedem neuen Beitrag – einen kreativen Kommentar, der nicht danach aussieht, als würdest du dich bei jemandem einschleimen wollen, sondern aufrichtig deine Anerkennung dazu widergibt. Im nächsten Schritt kannst du deine Influencer anschreiben, noch mal deinen Respekt zollen und danach fragen, ob sie für dich ein Shoutout machen könnten. (Oft klappt das auch ohne vorher mit der Like Bomb auf dich aufmerksam zu machen)... Mach es dabei deinen Influencern/Seiten so einfach wie möglich und gebe ihnen fertige Beiträge mit einem vollständigen Text, welche Hashtags, welchen Standort, welchen Call-to-Action, GIF usw. sie nehmen sollen, so dass sie einfach nur deine Vorgaben zu kopieren brauchen. Um deine Chancen auf eine Shoutout einer anderen Seite zu erhöhen, kannst du ihnen entweder 5 € anbieten oder gleich um ein SFS/S4S (=Shoutout for Shotout) bitten. Das heißt, du bittest um eine Story/einen Beitrag von dir auf deren Seiten und im Gegenzug machst du eine Stroy/einen Beitrag deines Partners auf deiner Seite.

Dieses um Shoutouts Bitten kannst du auch, falls dir das zu unangenehm ist, ersetzen, indem du von Anfang an Partnerschaften mit anderen Seiten deiner Nische eingehst und ihr euch gegenseitig in den Kommentaren und in den Beiträgen selbst, mit einem Call-to-Action zum Folgen, verlinkt. Aber auch dazu solltest du idealer Weise andere Seiten, die du dazu entdeckst, anschreiben und fragen, ob sie an eine Partnerschaft mit dir interessiert sind. Zusätzlich würde ich in den Profiltext

einen Satz schreiben, wie „DM für Partnerseiten"! Glaub mir, je mehr du wächst, desto mehr werden andere sich dabei von alleine bei dir dafür melden!
So kannst du auch deine Partnerseiten in deinen Beiträgen verlinken und im Gegenzug verlinken sie dich in ihren Beiträgen. Dazu kannst du Engagement Gruppen *(siehe „Ein paar hilfreiche Tricks")* mit ihnen eröffnen, um euch bei den Interaktionen gegenseitig zu unterstützen.

2.9 Ein paar hilfreiche Tricks

Im Folgenden möchte ich dir noch ein paar Hacks mitgeben, die deinem Instagram Game das gewisse Extra geben!

Trick #1: Engagement Gruppen

Das sind einfach nur Nachrichtengruppen in Instagram selbst, in denen mindestens 10 Leute sind, je mehr desto besser, die sich gegenseitig durch Liken und Kommentieren unterstützen. Wie du bereits weißt, stuft Instagram einen Beitrag als umso beliebter ein, je mehr Likes dieser hat und vor allem aber, je mehr Kommentare dieser hat, damit du es so schaffst im besten Fall bis auf die Entdeckenseite unter der Lupe in der Instagram App zu erscheinen!

Schreibe dazu ein paar Seiten an, die in etwa so die gleiche Anzahl an Followern haben, wie deine Seite und frage sie, ob sie Interesse daran haben, mehr Follower durch gegenseitiges Unterstützen zu bekommen. Hast du mindestens 10 Seiten gefunden, die sich gegenseitig helfen wollen, gehst du auf die Nachrichtenfunktion in Instagram und eröffnest hier eine neue Gruppe, in der all diese Seiten als Mitglieder drin sind. Hat ein Mitglied nun einen Beitrag, der gefördert werden soll, schickt dieses Mitglied den Beitrag über das Papierfliegersymbol an die Nachrichtengruppe. Oder noch besser, da Instagram dieses Spiel sonst bemerkt und euch dafür im Algorithmus bestraft, schreibt ihr nur „Neuer Beitrag" in diese Nachrichtengruppe, den alle

Mitglieder nun aufrufen müssen, indem sie auf das Profilbild des Beitragerstellers tippen.

Jedes Mitglied dieser Gruppe verpflichtet sich nun den anderen gegenüber, jeden Beitrag, den ein Mitglied an die Nachrichtengruppe gesendet hat, zu liken und zu kommentieren, optimaler Weiser innerhalb der ersten Stunden, am besten aber innerhalb der ersten 15 Minuten. Beachtet deshalb, die besten Zeiten zum Veröffentlichen von Beiträgen in sozialen Netzwerken, die ich dir bereits genannt habe, damit du es jedem ermöglichst, möglichst zeitnah mit einem Beitrag zu interagieren! Und denk auch noch daran (das solltet ihr jedem Mitglied dieser Gruppe als Regel klar machen): Instagram wertet einen Kommentar auch wirklich nur als Kommentar, wenn dieser aus mindestens vier Wörter besteht. Da solltet ihr darauf achten!

Trick #2: Shoutouts

Das sind Beiträge oder auch Stories, die andere über dich und deine Seite erstellen und dich in diesen Beiträgen und Stories, natürlich mit einem Call-to-Action, verlinken. Solche Shoutouts kannst du entweder von anderen, größeren Seiten (deiner Nische) gegen Geld kaufen oder mit ein bisschen Smalltalk und Verhandlungsgeschick, wenn du ihnen irgendetwas anderes im Gegenzug bieten kannst (z.B. SFS = Shoutout for Shoutout), auch kostenlos von anderen bekommen. Selbst du und deine Freunde könnt euch gegenseitig Shoutouts geben, um euch so gegenseitig zu unterstützen. Macht es dabei demjenigen, der euch das Shoutout geben soll, so einfach wie möglich. Heißt, gebt ihm ein Bild/Beitrag, den diese Person auf sein Profil entweder als Story und/oder als Beitrag veröffentlichen soll sowie einen fertigen Text, der alles beinhaltet, was in die Bildunterschrift oder Story hinein soll – samt Hashtags, verlinkten Ort, GIFs und Call-to-Action. So könnt ihr euch 7 – 14 andere Seiten suchen, mit ihnen in Kontakt treten und fragen, ob sie an ein SFS interessiert sind, damit ihr beide möglichst einfach mehr Follower bekommen könnt. Wenn du dann vielleicht 14 Seiten hast, die an einem SFS mitmachen wollen, kannst du jeden Tag mit einer anderen Seite ein Story Shoutout austauschen. Nach 14 Tagen, wenn du dir jeden Tag in deinen Stories mit einer anderen Seite ein Shoutout ausgetauscht hast, fängst du wieder mit Tauschpartner 1 an. So haben alle Seiten genug Zeit, neue Follower dazugewinnen zu können und die Follower deiner Seite sehen sich an einem Tauschpartner nicht satt, um das maximal Mögliche aus jedem Tauschpartner heraus zu holen. Theoretisch kannst du allein durch Shoutouts, eigenen Stories + der richtigen Hashtagstrategie und Engagement Gruppen rein organisch wachsen, also ohne Folgen/Entfolgen. Deswegen rate ich dir, wenn dir Folgen/Entfolgen auf Dauer zu lästig wird, mit diesen Mitteln rein organisch, also „von alleine" zu wachsen. Die beste Möglichkeit, jede Menge echte Follower zu bekommen ohne Folgen/Entfolgen zu spielen, sind Shoutouts (in Form von Beiträgen) die dir größere Seiten geben! Deswegen, such dir genug Seiten heraus, von denen du dir ein Shoutout am besten in Form eines Beitrages auf ihren Seiten holst!

Trick #3: Instagram so viel wie geht

Pro Telefon kannst du in der Instagram App bis zu 5 Seiten gleichzeitig Betreuen. Dieses Limit solltest du auch ausnutzen! Hast du Ideen für mehr als 5 Seiten, brauchst du zwingend ein zweites Telefon oder du musst dich immer mit einem Konto abmelden, um dich mit einem 6. Konto anzumelden. Für möglichst große Einnahmen (und größtmögliches Wachstum) solltest du neben deinem privaten Instagram Profil noch weitere Seiten aus einer bestimmten Nische/einem bestimmten Thema nutzen. Das Ganze hat gleich zwei Vorteile: Du kannst deine Einnahmen maximieren, indem du auch Seiten zu anderen Nischen monetarisierst (siehe Kapitel "Strategien zum Geldverdienen") und, was mindestens genau so gut ist: Du kannst dir selbst, also deinem Privaten Profil, wenn du mit allen anderen Seiten auch alle Wachstumsstrategien umsetzt, mit jeder deiner weiteren Instagram Seiten regelmäßig ein Shoutout geben, um so noch besser und noch mehr zu wachsen.

Das kannst du auch wunderbar mit YouTube kombinieren. So kannst du, wenn du Influencer werden willst, über deine private Instagram Seite, wo du als Person im Vordergrund stehst, passend dazu einen YouTube Kanal über dich aufbauen. Wenn du dann noch das Limit pro Telefon von 5 Instagram Seiten ausreizt, kannst du zu jeder Nische, die du damit besetzt, einen YouTube Kanal machen und die beiden Social Media Kanäle (YouTube <=> Instagram) so gegenseitig unterstützen für bestmögliche Monetarisierung.

Wenn du nun verschiedene Instagram Seiten zu diversen Nischen betreibst, ist auch gängige Praxis, unter einem Beitrag von Seite 1 auch in jeweils separaten Kommentaren @seite2, @seite3 und @seite4 zu verlinken. Natürlich kannst du auch, um optisch mehr Kommentare zu haben mit jeder dieser weiteren Seiten den Beitrag der ersten Seite kommentieren. Also, z.B. Wenn du unter Beitrag von „Seite1" einen Kommentar mit „@seite2", einen Kommentar mit „@seite3" und einen dritten Kommentar mit „@seite4" hinterlässt, kannst du im nächsten Schritt mit Seite2 den Beitrag von Seite1 kommentieren, dann im Namen von Seite3 usw. usf.

Ein weiterer Trick hierzu sind Fanseiten! Du hast es sicher schon mal auf Instagram gesehen. Seiten, die eine Hand voll Fotos beinhalten von irgendeiner (bekannten) Person. Unter jedem Beitrag und auch in der Profilbeschreibung dieser Seiten sind dann die offiziellen Seiten dieser Persönlichkeiten verlinkt, mit einer netten Aufforderung, doch dieser offiziellen Seite zu folgen. Zwar scheint Instagram sowas zu bemerken, dennoch dürfte dir das weiterhelfen, wenn du noch stärker wachsen willst. So kannst du eine weitere Instagram Seite über dich erstellen und nennst diese in der Art, wie dein.richtiger.instagramname_fans oder ähnliches, in dem dein offizieller Instagram Benutzername drin steckt und dann noch eine Erweiterung wie „fans", „fanpage", „freunde", „support". Vielleicht fällt dir hier auch etwas ein, das natürlicher klingt. Dort packst du dann die 6 besten Beiträge aus deinem offiziellen Profil rein, verlinkst deinen Namen unter jedem Bild und in der Profilbeschreibung und setzt noch einen Satz rein wie „Wir unterstützen @dein.richtiger.Instagramname" und „folgt @dein.richtiger.Instagramname". Dann vielleicht noch ein paar Hashtags wie „#support" „#deinrichtigerInstagramNamefans". Dann kannst du entweder mit diesen Seiten das folgen/entfolgen Spiel spielen oder mit solchen Seiten sicher einen Instagram Bot wie Instazood verwenden, da du diese Seite ohne Probleme verlieren kannst, deine offizielle Seite jedoch nicht.

Trick #4: Mehrere Links in Instagram
Hast du noch keine 10K Follower ist ein äußerst nützlicher Tipp, über die Seite www.linktr.ee gleich mehrere Links in deinem Instagram Profil einzubauen! Dort meldest du dich nun ganz normal und kostenlos mit deinem Instagram Konto an. Mit Linktree kannst du nämlich gleich mehrere Links auf einer Seite sammeln und diese über deinen persönlichen Linktree-Link in dein Instagram Profil einbauen. Immer, wenn nun ein Benutzer auf deinen Linktree-Link in deinem Profil klickt, bekommt dieser eine Übersicht, zu allen weiteren Links, die du dort gesammelt hast!
Wenn du später deine 10k Follower erreichst, hast du zusätzlich noch die Möglichkeit, jede deiner Stories mit einem Link zu versehen, den die Leute mit einem Wisch nach oben öffnen können. Solche Stories mit Link kannst du, wie jede andere Story auch, als Highlight in deinem Profil dauerhaft hinterlegen, sodass jeder sie aufrufen kann, der dein Profil ansieht.

Trick #5: Instagram auf Autopilot
Mit diesem Trick solltest du behutsam umgehen. Instagram erlaubt es seinen Nutzern in den Richtlinien nämlich nicht, Automatismen zu verwenden, die für dich alle Interaktionen auf Instagram übernehmen! Wenn Instagram bemerkt, dass du einen sogenannten „Bot" verwendest, wird deine Seite unwiderruflich und für immer gelöscht! Wenn du diesen Trick anwendest, solltest du dir diesem Risiko bewusst sein!

Dazu habe ich dennoch zwei Programme die ich nutze, um mein Instagram Business aufzubauen, die meine absoluten Favoriten sind. Mit ein paar Regeln, kann man diese Programme relativ sicher anwenden, ohne das Instagram das merkt. Diese Regeln, gebe ich dir weiter unten in diesem Abschnitt mit! Das ist einmal das kostenlose Programm Gramblr und zum zweiten Instazood.

Gramblr ist dabei ein Programm, das du dir auf deinen PC installieren und komplett kostenlos nutzen kannst. Damit kannst du nicht nur einfach Beiträge vom PC aus bei Instagram hochladen, sondern auch mehr Likes auf deine Beiträge bekommen und kostenlos mehr Follower gewinnen!

Gramblr bekommst du unter https://gramblr.com/ komplett kostenlos! Das Spiel mit Gramblr funktioniert nun so: Wenn du kostenlose Likes auf deine Beiträge haben willst, z.B. um deine Beiträge für den Instagram Algorithmus beliebter aussehen zu lassen, musst links im Menü unter „Bewertungen" ab und zu mal selber ein paar Likes an Gramblr Nutzer verteilen. Damit sammelst du dir Coins, zu denen ich gleich noch komme! Der zweite große Vorteil von Gramblr ist, dass du einfach Bilder und Videos von deinem PC aus bei Instagram hochladen kannst. Wenn du nun selber ab und an mal ein paar Likes über Gramblr verteilt hast, bietet dir Gramblr das nächste Mal beim Hochladen an, deinen Beitrag mit 75 kostenlosen Likes zu versehen. Wenn du dort auf "Ja" klickst, erscheint dein Bild bei anderen Gramblr Nutzern unter dem Menüpunkt "Bewertungen". Das klappt aber nur, wenn du ein Bild hochladen willst und deinen Beitrag sofort hochlädst und nicht zu einer bestimmten Zeit vorplanst, was mit Gramblr auch möglich ist. Wie bereits erwähnt, sammelst du jedes Mal, wenn du selbst bei Gramblr Likes verteilst, coins. Pro Like gibt es 5 Coins. Diese Coins kannst du im oberen Bereich bei Gramblr, wenn du auf das Herzsymbol neben deinem Punktekonto klickst (siehe Bild) gegen Likes auf einen beliebigen Beitrag eintauschen. Dazu fügst du nur die Instagram Adresse deines Beitrages in das entsprechende Feld ein, wählst aus, wieviele Likes du haben möchtest, setzt noch den Haken in das Kästchen, dass du nur regionale Likes haben willst, klickst auf "Likes hinzufügen" und dann kannst du zusehen, wie im Sekundentakt dein Beitrag mehr Likes bekommt! Ein Like kostet dir so 10 Coins. Heißt, um ein Like zu bekommen, musst du zwei Likes geben!

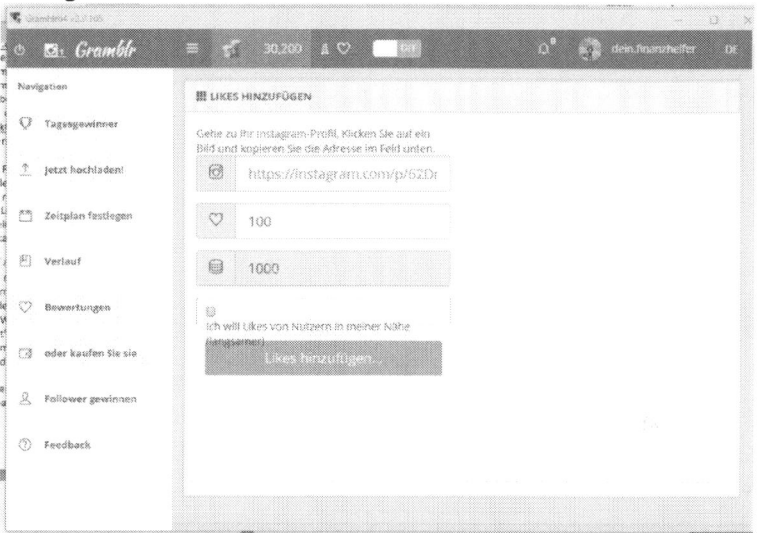

Die nächste nützliche Funktion von Gramblr ist, dass du auch automatisch neue Follower gewinnen kannst. Gehe dazu in dem Menü links auf "Follower gewinnen". Dort gibst du nun ein paar Hashtags ein und gehe auf "aktivieren". Gramblr wird nun alle 10 Minuten 5 Bilder zu einem Hashtag, den du dort eingegeben hast, automatisch liken. Nach den ersten 10 Minuten kommen 5 weitere Bilder des nächsten Hashtags. So machst du auf dich aufmerksam, wirst von anderen entdeckt und wenn dein Profil entsprechend anziehend ist, werden dir nach und nach immer mehr Leute folgen! Nutze dazu aber nicht irgendwelche Hashtags, sondern welche, die relativ beliebt sind und deine Zielgruppe verwenden. So habe ich bei mir z.B. alle Wochentage (in Deutsch) eingegeben, da ich vorwiegend nationale Follower haben möchte und das bei Deutschen beliebte Hashtags sind. Dann habe ich noch, um weiterhin gezielt regionale Follower zu gewinnen, Hashtags von Städtenamen hinzugefügt, beliebte wie *Berlin, Hamburg, FFM, München, Munich*, etc. Und Städtenamen aus meiner Region. Da sich viele dann noch im Fitnessstudio fotografieren, habe ich noch den Hashtag *McFit* eingeben und sonst noch sowas wie *Urlaub, Feier, Leute, Wochenende*, also ganz banale Hashtags, die aber funktionieren.

Damit schaffst du im Schnitt ca. 5 neue Follower pro Tag, nicht viel, dafür aber auf Autopilot.

Lass dich auch nicht davon irritieren, dass dort steht "Für 30 Tage kostenlos"! Bei mir läuft das schon über ein Jahr, ohne dass Gramlbr auch nur einmal meine Bank- oder Kreditkarteninformationen sehen wollte.

Was nur manchmal auftritt: Ab und zu stoppt Gramblr diesen Likeprozess von alleine, um dein Konto zu schützen, wenn aus Sicht von Instagram so zu viele Likes verteilt wurden. Deswegen solltest du hin und wieder mal bei Gramlbr reinschauen, ob das Ganze noch läuft, und gegebenenfalls auf die Hinweise, die dazu erscheinen, reagieren. Einen kleinen Blogbeitrag, wie das mit Gramblr funktioniert, findest du hier (Alle Links findest du auch noch einmal übersichtlich und praktisch zum Aufrufen im Bonusteil zu diesem Buch): http://bit.ly/2TwwWF4

Ein kompletter Automatismus, mit dem du praktisch komplett alle Funktionen von Instagram automatisieren und von einem Programm übernehmen lassen kannst, ist die kostenpflichtige Software Instatzood, die in der einfachsten Variante, 9,90 € pro Monat kostet. Da gerade bei Verwendung von mehreren Instagram Seiten das Folgen/Entfolgen Spiel relativ zeitaufwendig ist, kannst du damit ganz bequem Instazood das Folgen & Entfolgen überlassen und die Zeit in Ruhe nutzen, z.B. deine Beiträge vorzubereiten oder dich anderen Projekten zu widmen. Den Zugang zu Instazood findest du hier: https://instazood.com Ein paar Tutorials, wie Instazood funktioniert und was du zu beachten hast, um Instazood sicher verwenden zu können, findest du unter diesem Link: https://instazood.com/support/optimize-instazood/ (Bei YouTube wirst du auch fündig).

Gerade, wenn deine Seite aber erst ein paar Wochen alt ist, solltest du am Anfang alles per Hand machen, um die schnellsten und vor allem auch sichersten Resultate zu gewinnen! Anderenfalls riskierst du, dass deine Seite für immer gelöscht wird! Es gibt aber auch Möglichkeiten, Bots sicher zu verwenden, sodass das für Instagram unentdeckt bleibt!

Dazu Regel Nummer 1, um möglichst sicher einen Bot verwenden zu können: Nutze **nie** einen Bot und Instagram (über dein Telefon/Gramblr andere Programme) gleichzeitig! Wenn etwas auf Instagram aktiv ist, dann entweder nur du selbst oder nur der Bot!

Regel Nummer 2: Komme nie auf die Idee, automatische Nachrichten verschicken zu lassen! Das ist der Bothinweis schlechthin und das dauert nicht lange, bis Instagram deine Seite für immer löscht, sobald du automatische Nachrichten verschicken lässt! Also, vermeide das tunlichst!

Regel Nummer 3: Nutze Bots in Maßen! Übertreibst du das Tempo bei den Interaktionen, die dein Bot ausführt, heißt zu viele Likes, zu viele Kommentare, zu viel Folgen und das zu schnell, läuten bei Instagram die Alarmglocken und du riskierst, dass du auffliegst! Wenn du z.B. Instazood verwendest, kannst du dort zwischen drei Schnelligkeitsstufen wählen: langsam, mittel und schnell. Wenn du deine Seite erst aufbauen willst, du damit erst in den Anfängen stehst und du nicht die Zeit dazu hast, alles per Hand zu machen, solltest du bedingt die ersten vier Wochen die Einstellung auf langsam belassen! Damit wirst du zwar recht wenig wachsen, das aber wenigstens auf der sicheren Seite! Erst dann kannst du im vier Wochen Takt auf die jeweils schnellere Stufe stellen.

Regel Nummer 4: Imitiere menschliches Verhalten! Stelle deinen Bot so ein, dass dessen Handlungen so natürlich und menschenähnlich wie möglich sind! So hat Instagram keine Chance herauszufinden, ob ein Bot handelt oder du selbst es bist, der gerade interagiert.

Weiter mit den Tricks!

Trick #6: Beiträge vom PC aus hochladen + Beiträge planen
Da du Gramblr ja nun bereits kennst, kannst du Gramlbr einfach nutzen, um deine Beiträge vom PC aus hochzuladen und sogar zu planen, sodass Gramlbr diese automatisch zu einer vorher eingestellten Zeit veröffentlicht. Ein anderer Weg geht aber wie folgt: Melde dich bei Dropbox an (unter diesem Link: https://db.tt/w7dVNrPnCt). Lade dir Dropbox auf deinen PC und auf dein Smartphone! Kopiere nun das Bild oder Video, das du bei Instagram hochladen willst in den Ordner auf deinen PC, den Dropbox für dich eingerichtet hat. Öffnen nun Dropbox auf dein Telefon. Öffne darin nun das Bild/Video, gehe auf die drei Punkte oben rechts und dann auf "Exportieren". Dropbox speichert dein Bild/Video nun in der Fotosammlung deines Telefons! Eine genaue Anleitung, wie das funktioniert findest du in diesem Video: https://youtu.be/UfrEXl6RrCM

Daneben gibt es noch ein sogar von Instagram ausdrücklich erlaubtes Programm „Later", mit dem du Beiträge im Voraus planen kannst und in der einfachsten Variante kostenlos ist: https://later.com/

Trick #7: Verwende ein Unternehmensprofil!
Was du nicht messen kannst, ist auch nicht da! So oder so ähnlich kann man den Nutzen beschreiben, den du hast, wenn du dein Instagram Profil einfach, kostenlos und ohne Nachteile in ein Unternehmensprofil umwandelst. Dazu musst du einfach nur den Anweisungen in deiner Instagram App folgen, die dir des Öfteren angezeigt wird und dir empfiehlt dein Konto umzuwandeln! Damit verknüpfst du deine Instagram Seite mit einer Facebook Seite und erhältst dadurch wertvolle Statistiken zu einfach allem, was auf deinem Instagram Profil so passiert! So wird dir z.B. angezeigt, welche deiner Beiträge die Beliebtesten sind, wie alt deine Follower sind, wo sie herkommen, wieviele Linkklicks du hast und so weiter und so fort! Wertvolle Statistiken, die dich herausfinden lassen, was auf Instagram geht und was nicht, wo du Optimierungsbedarf hast,

was gut ist und was du weitermachen/beibehalten solltest! Ein einfacher, aber zu gleich sehr wertvoller Tipp!

Trick #8: Qualität vor Quantität
Bevor du einen nicht gut durchdachten Beitrag nach dem nächsten veröffentlichst, einfach nur, um etwas auf deinem Profil hochzuladen, damit du dein Tagespensum erfüllst, sei dir noch ein guter Ratschlag ans Herz gelegt: Setzte deinen Fokus lieber auf das richtige Wachstum deiner Seite und nicht auf das Hochladen neuer Beiträge! Es ist besonders am Anfang besser, lieber mal eine Zeit lang nichts hochzuladen, wenn du gerade keine qualitativ hochwertigen Beiträge hast und lieber mit der Folgen/Entfolgen Strategie die Reichweite deiner Seite zu erhöhen. Eine große Reichweite auf Instagram ist deine Rente! Je mehr Leute du mit einem guten Beitrag erreichst und je mehr auf dich, deine Seite und den Links in deinem Profil aufmerksam werden, desto mehr kannst du damit verdienen! Deswegen lege deinen Focus auf das richtige Wachsen, nicht auf das mehrfache Hochladen!

Es stimmt zwar, dass der Instagram deine Reichweite einschränkt, wenn du nicht kontinuierlich hochlädst, aber, solange du noch keine 3000 Follower hast, ist es verschossenes Pulver, mit Beiträgen nur so um dich zu werfen! Um aber nicht auf ewig Folgen/Entfolgen Spielen zu müssen, um mehr Reichweite zu bekommen, ist es ratsam, sowie du bereits vielleicht 4000 Follower hast, wirklich jeden Tag einen qualitativ hochwertigen Beitrag zu veröffentlichen, damit der Instagram Algorithmus deine Reichweite aufgrund von Inaktivität nicht verringert. Und denk daran: Auch Beiträge, die zur Interaktion aufrufen sind qualitativ hochwertig, da sie deine Reichweite erhöhen!

Trick #9: Räume dein Profil auf!
Du weißt schon, dass du Werbung nicht zu oft bzw. zu aggressiv machen solltest. Dazu gehört auch, dass du direkte Werbung,

die auch als solches aussieht und nicht direkt in das Schema deiner Beiträge passt, nicht länger als spätestens bis zur nächsten Werbung in deinem Profil lässt. Da du dein Profil so attraktiv wie möglich gestalten sollst, damit dir möglichst viele Leute folgen **wollen,** sollte etwas, das Wert nimmt, anstatt gibt (=Werbung), kaum auf deinem Profil ins Auge fallen, damit du immer noch einen positiven Gesamteindruck hinterlässt. Zu diesem positiven Gesamteindruck zählt auch ab und an mal Beiträge, die deutlich unterdurchschnittlich performten, also deutlich weniger Likes und Kommentare bekommen haben als andere Beiträge, diese zu löschen! Die Pflege deines Profils ist somit ein Mittel, dieses so attraktiv wie möglich zu halten.

Trick #10: Entferne falsche und nutzlose Follower
Der Instagram Algorithmus ist es, der entscheidet, wer deine Beiträge zu Gesicht bekommt und wer nicht. Dazu geht dieser bei einem neuen Beitrag so vor, dass ein neuer Beitrag erst einmal bei ein paar Leuten, hauptsächlich deine treusten Abonnenten, auf der Startseite ganz am Anfang angezeigt werden. Reagieren diese Menschen bzw. Seiten positiv auf deinen Beitrag, stuft der Instagram Algorithmus deinen Beitrag als umso beliebter ein, je größer die Zahl an Interaktionen, bei dieser kleinen Auswahl an Menschen ist. Je beliebter dein Beitrag nun für den Instagram Algorithmus wirkt, desto mehr Leuten und desto höher zeigt dieser deinen Beitrag auch bei allen anderen Followern von dir auf der Startseite an, was im Endeffekt für noch mehr Interaktionen sorgt. Folgen dir nun viele Seiten, die eigentlich kein echtes Interesse an deinen Inhalten haben, seien es gekaufte Follower, komische Leute aus Indien, Pakistan etc. oder solche, die irgendwelche dubiosen Links bewerben wollen und selber nur auf Follower Fang sind, kann es ein, dass das dein Engagement auf deine Beiträge massiv einschränkt. Wenn nämlich genau solchen Seiten, Fake-Accounts, gekauften Followern oder ähnliches deine Beiträge nach dem hochladen von dem Instagram Algorithmus angezeigt werden, ist die Wahrscheinlichkeit gering, dass diese auch mit deinen Beiträgen interagieren. Der Instagram Algorithmus stuft deinen Beirag nun also als weniger beliebt ein, als er sein

könnte, wenn du nicht solche Seiten als Follower hättest. Folge ist, dein gesamtes Engagement auf deine Beiträge wird immer geringer oder stagniert, obwohl du doch immer mehr und mehr Follower (z.B. durch Folgen/Entfolgen) bekommst!

Doch wie wird man diese weniger nützlichen Profile nun los?

Der einzige Weg, eigene Abonnenten aktiv zu entfernen, ist das Blockieren. Blockieren, kannst du Seiten, indem du auf ihren Profil auf die drei Punkte oben rechts gehst und dann auf „Blockieren". Da das aber sehr mühselig werden kann, wenn man mehrere Konten, die dir nichts nützen, entfernen will, gibt es auch dafür Apps, die das Blockieren von Abonnenten für dich vereinfachen. Darunter die App „Cleaner for IG", die du im Appstore und Play Store findest oder „InstaClean" nur für Android.

Mit diesen Apps kannst du nicht nur sog. „Fake" und „Ghost" Accounts ausfindig machen, sondern auch mehrere (bis zu 80 pro Stunde) auswählen und blockieren. Sonst kannst du viele solcher Seiten auch daran erkennen, dass sie oft entweder kein Profilbild und/oder eine mehrstellige Nummer am Ende des Benutzer Namens haben.

Wenn du alle Tipps und Strategien aus diesem Buch konsequent umsetzt, wirst du des locker schaffen, in drei Monaten deine 10k Follower zu haben! Monetarisieren kannst du deine Seite aber schon ab dem ersten echten Follower!

2.10 Fehlersuche

Nicht jeder Inhalt funktioniert gleich gut! Solltest du z.B. durch folgen/entfolgen nie mehr als 50 neue Follower pro Tag dazu gewinnen, ist das erste, das du ändern solltest, der Inhalt auf deinem Profil. Wenn deine Inhalte nicht anziehend genug sind, wird dir keiner folgen. Entferne wirklich schlechte Beiträge von deinem Profil und füge neue, bessere hinzu. Wenn du keine Idee dafür hast, was wirklich bei den Leuten ankommt, dann schau dich vor allem aber bei anderen um, die das gleiche machen, wie du, nur erfolgreicher damit sind, also in der selben Nische sind und die du dir als Vorbilder heranziehen kannst. Übernimm ihren Stil und mache es ihnen nach. Das gilt auch für deinen Profiltext, der darüber entscheiden kann, wieviele dir zurück folgen und wieviele nicht. Das Zweite, das du ändern solltest, wenn dir nicht genug Leute zurück folgen, ist eine bessere Zielgruppe zu recherchieren. Je besser du Leute findest, die bereits Interesse an Inhalten haben, die deinen möglichst ähnlich sind, desto mehr werden dir zurück folgen!

Für eine genaue Fehleranalyse empfehle ich dir, in meine Facebook Gruppe zu kommen und/oder mit mir Kontakt aufzunehmen!

Update

Instagram ändert seinen Algorithmus regelmäßig. Dabei ist es nun mittlerweile so, dass Instagram die Interaktionen auf deine Beiträge einschränkt, wenn du ewig Folgen/Entfolgen spielst, besonders in Kombination mit unregelmäßigem Veröffentlichen von Beiträgen. Folgen & Entfolgen ist immer noch die schnellste Methode, viele echte Follower zu gewinnen, womit du an die 100 Follower pro Tag machen kannst – das zumindest für den Anfang! Wenn du mit Folgen/Entfolgen täglich nach der in diesem Buch genannten Strategie ausführst, kannst du so 10.000 Follower in 3 Monaten aufbauen. Wenn du aber merkst, dass dein Engagement immer weniger wird, heißt die durchschnittlichen Kommentare und Likes pro Beitrag, obwohl du ja durch Folgen/Entfolgen immer mehr Follower dazu gewinnst, solltest du zu allererst mehr mit Shoutouts arbeiten. Es ist zwar so, dass Instagram dein durchschnittliches Engagement auf deine Beiträge reduziert, wenn du gewisse Grenzen von Followern überschreitest, sollte dein durchschnittliches Engagement bei unter 10k Followern aber deutlich unter 4 % liegen, heißt, wenn du beispielsweise schon 8000 Follower hast, im Durchschnitt aber nie mehr als 300 Likes auf deine Beiträge bekommst, hat Instagram dein Engagement eingeschnitten. Die Ursache dafür liegt meist 1. bei zu unregelmäßigem Veröffentlichen von Beiträgen oder 2. durch

das Anwende von Folgen/Entfolgen oder 3. durch zu schlechte Beitragsqualität. Es ist ganz normal, dass Instagram deine Prozentualen Interaktionen einschränkt, je größer deine Seite wird. So hast du bei 1000 Followern noch ca. 8 – 10 % Interaktionen, ab 5000 Follower nur noch ca. 6 %, ab 10.000 Follower 4 – 5 % und so weiter. Alles, was hier darunter liegt, sollte deine Strategie zum Wachstum anpassen lassen, z.B. mit den bereits erwähnten Shoutouts. Heißt, du solltest vor allem größere Seiten darum bitten, wenigstens eine Story von einem Beitrag von dir zu machen mit Verlinkung und Call-to-Action zum Folgen deiner Seite oder im aller besten Fall einen Beitrag von deiner Seite als Beitrag auf ihren Seiten mit reichlicher Verlinkung zu deiner Seite und dem Call-to-Action
„Folge @dein.name
@dein.name
@dein.name"
zu machen.
Man macht dort generell eine Verlinkung ganz am Anfang des Shoutouts (= des Beitrages), dann den Beitragstext und dann drei Verlinkungen am Ende. So machst du mit ähnlichen Seiten aus deiner Nische, von denen du dir sonst durch Folgen/Entfolgen die Follower geklaut hättest, ein SFS, also Shoutout for Shoutout, indem ihr euch gegenseitig in den Stories erwähnt.
Zweitens solltest du jeden Tag mindestens drei Stories machen (gerne auch über den Tag verteilt morgens, mittags, abends). Dafür kannst du deine Beiträge nehmen, am besten Umfragen starten, den Schieberegler nutzen und generell alles, was Interaktionen mit deinen Stories bewirkt, da der Instagram Algorithmus Interaktionen liebt! Je mehr die Leute auf deine Inhalte interagieren, desto mehr entdecken dich Leute, die dir noch nicht folgen! In diesen Stories packst du dann immer einen Standort mit mäßig vielen Beiträgen (um die 500.000), damit deine Story nicht in der Masse an Inhalten zu diesem Standort untergeht. Weiterhin verwendest du mehrere Hashtags auf deinen Stories gemäß der richtigen Hashtagstrategie aus diesem Buch. Standort und Hashtags kannst du auch richtig winzig klein

machen, sodass man sie kaum sieht und übereinander legen oder einen Sticker darüber machen.
Dann machst du drittens Engagementgruppen mit gleichgesinnten Leuten, damit ihr euch gegenseitig mit Interaktionen unterstützen könnt.
All diese drei Punkte wirken sich positiv auf dein Engagement aus, was die Grundlage dafür ist, dass der Instagram Algorithmus von alleine dafür sorgt, dass deine Beiträge von Leuten gesehen werden, die dir noch nicht folgen und an deinen Inhalten Interesse haben.
Mit diesen drei Punkten wirst du zwar am Anfang recht langsam wachsen. Wenn du aber erst mal deine 5000 Follower so erreicht hast, wirst du sehen, wie du nahezu exponentiell wächst. Jeder Follower, der so „von alleine" (= heißt organisch) - zu dir gekommen ist, ist Gold für den Instagram Algorithmus, der dich dafür mit massig Interaktionen belohnt, durch die du wiederrum neue Follower dazu gewinnst.
Wenn du so ganz ohne Folgen/Entfolgen auskommst, kann deine Seite so locker 1000 neue, echte Follower pro Woche dazu gewinnen und deine Seite wird ab 5k/6k Follower durch die Decke schnellen – und das wie von alleine! Bis dahin geht das allerdings langsamer als mit Folgen/Entfolgen. Dafür wirst du mit dieser „neuen" Strategie nachhaltiger wachsen – und vor allem automatisch – als es mit Folgen/Entfolgen möglich wäre.
Um also „das Beste aus beiden Strategien" zu nutzen, kannst du bis 5000 Follower Folgen/Entfolgen spielen. Danach kannst du für ein Grundlage immer mal täglich 500-1000 Seiten folgen, bis du vielleicht insgesamt 5000 Seiten folgst, oder du reizt das Limit von 7500 Seiten aus, machst mindestens täglich einen Beitrag, aus denen du dazu noch Stories machst. Dann machst du weitere Stories, mit Umfragen, Schieberegler und co., lässt dir Shoutouts geben oder machst SFS/S4S/Shoutout für Shoutout, in Form von Stories oder noch besser ganzen Beiträgen. Dazu nutzt du Engagementgruppen für aktiven Aufbau von Interaktionen (denk daran Kommentare sollten mindestens 4 Worte enthalten)! Alles rundest du ab mit Standorten und Hashtags gemäß der richtigen Hashtagstrategie.

Am Ende zahlt sich jedenfalls deine Disziplin und deine Geduld aus und du wirst mit vielen echten Followern belohnt, die dir auch tausende Euros bringen können.

3. Erfolgreich auf YouTube

3.1 Die Grundlagen

YouTube ist nach Google die größte Suchmaschine im Netz. Gerade bei jungen Leuten ist YouTube beliebter als Fernsehen. Diese riesige Quelle an Traffic (=Besucherstrom) kannst und solltest du unbedingt nutzen, um Geld damit zu verdienen oder einfach nur, um selber bekannter zu werden!

In diesem Kapitel erfährst du nun alles, was du wissen musst, um mit YouTube durchzustarten!

Erst einmal: Viele denken, gute Videos zu produzieren ist kompliziert, braucht professionelles Equipment oder braucht einiges an Können bzw. Kreativität, um damit erfolgreich zu werden! Eine Fehlannahme, die ich dir mit diesem Kapitel aus dem Weg räume.

Das Wichtigste, das du dafür benötigst, hast du wahrscheinlich bereits: einen PC und ein Smartphone!
Alles, was du sonst noch benötigst bekommt man kostenlos oder mit ein paar wenigen Euros.
Die beiden besten kostenlosen Schnittsoftwares, die es dabei gibt, sind z.B. HitFilm Express, das du hier bekommst: https://fxhome.com/express oder DaVinci Resolve, das du hier bekommst: https://www.blackmagicdesign.com/de/products/davinciresolve/ (oder google nach beiden).

Diese sind absolut professionell und in der einfachsten Version, mit der man bereits alles kann, was man für den Anfang braucht, komplett kostenlos! Dazu findest du, falls du mit den beiden Programmen nicht weiter kommst, jede Menge Tutorials darüber, die dir weiterhelfen, wenn du mal nicht weiter weißt, bei YouTube. Ein Kurzes Erklärvideo findest du dazu auch im Bonusteil zu diesem Buch.

Hinweis: Alle Links, bequem als QR-Code und Lernvideos findest du im Bonusteil dieses Buchs!

Das nächste absolut umwerfende, kostenlose Programm, das du kennen solltest, ist die "Open Broadcaster Software" OBS, die du hier bekommst: https://obsproject.com/de
Damit kannst du nicht nur Livestreams machen, sondern auch all deine Bildschirminhalte als Video aufnehmen. Wenn du also ein Tutorial Video über etwas auf deinem PC machen oder dich beim Gamen filmen willst, kannst du OBS nutzen, um damit deinen Bildschirm aufzunehmen.

Nun fehlt noch der gesprochene Text. Wenn du unter deine Videos Erklärungen als gesprochenen Text hinzufügen willst, kannst du ganz simpel die Diktiergerätefunktion deines Telefons verwenden, damit dein Skript zum Video einsprechen und in einem Schnittprogramm die Bilder passend zu deinem Text zusammen schneiden. Wenn du deine Videos nun noch mit Musik und Sound Effekten aufpolieren willst, findest du dafür jede Menge kostenloses Material direkt bei YouTube in dessen Audio Library
(https://www.youtube.com/audiolibrary/music?feature=blog)
oder in diversen YouTube Kanälen. Hier gilt: Wer suchet, der findet. Wenn du kostenlose Musik z.B. für einen Vlog brauchst, suche nach *"no copyright vlog music"* oder *"no copyright cinematic music"* oder ganz allgemein nur *"no copyright music"*. Dazu wirst du nun tausende Inhalte finden, unter denen garantiert etwas für dein Projekt Passendes dabei ist!

Ein flexibles Stativ, das du für Vlogs oder ähnliches verwenden kannst mit einer Fernbedienung zum Auslösen der Kamera deines Telefons bekommst du hier günstig: https://amzn.to/2LAGruG

Was du aber noch unbedingt beachten solltest: Wenn du Videos mit deinem Smartphone für YouTube aufnimmst, filme immer quer! Hochkant darfst du nur für Instagram oder Facebook filmen! Für alle anderen Plattformen gilt 16:9 Querformat!

3.2 Die richtige Idee, das richtige Konzept

Wenn du die richtigen Inhalte hast, ist YouTube die Plattform schlechthin, um diese zu monetarisieren und davon leben zu können! Um aber erstmal die richtige Idee, das richtige Thema und das richtige Konzept für einen erfolgreichen Kanal zu finden, gebe ich dir hier ein paar Tipps!

Möchtest du als Unternehmen deine Produkte oder deine Dienstleistungen verkaufen, hast du damit ja nun schon Themen. Um damit erfolgreich zu werden, gilt wie überall: Gib den Leuten einen Mehrwert. Hau viel Material (Wissen, Infos, Anleitungen, etc.) kostenlos raus und mach den Leuten damit Geschmack auf mehr. Das "Mehr" bekommen sie dann mit deinen Produkten/Dienstleistungen!

Für alle, die noch nach der richtigen Idee suchen, hier ein paar hilfreiche Wege, diese zu finden! Du kannst sogar, komplett ohne eigene Videos zu produzieren, Geld mit YouTube verdienen! Wie das geht erfährst du in unserem Bonusteil!

Ansonsten gilt, um eine gute Idee zu finden:

Wo könntest du aktiv sein? Sowas geht immer!
- Reaktionen auf andere Videos
- Produkt reviews (mit Affiliate Links → siehe Kapitel "Geld verdienen")
- Video Blogs über deinen Alltag (gut mit IG kombinierbar!)
- Tutorials
- Top 10 Videos zu verschiedenen Themen

- Let´s plays - Gaming Videos
- Kommentieren vom aktuellen Weltgeschehen
- Videos über aktuelle Trends
- Hobby-, Bastel- und Heimwerkervideos

Und viele mehr...

Mach dir dazu ein Liste: Was sind deine Vorlieben, Interessen, Hobbys, wozu hast du Wissen, worauf hast du Lust, was könnte die Leute interessieren, womit kannst du andern helfen, unterhalten, aufklären, etc. Diese Liste ist dazu da, dass du dir eine oder mehrere Nischen findest, zu denen du regelmäßig Videos produzieren kannst. Wenn du dir das alles aufgeschrieben hast, mache dir einen Plan. Erstelle dir ein Konzept für deinen Kanal/deine Kanäle und fange an, Videos dazu zu produzieren.

Dazu musst du noch nicht einmal das Rad neu erfinden. Wenn du etwas entdeckst, dass bereits bei anderen gut läuft und du Lust darauf hast, mache das Gleiche und nutze die Remix Strategie! Da einfaches Kopieren und nur wiederholen, was die Leute von anderen bereits kennen, hier zwar schnell zu Desinteresse führen kann, da die Leute das bereits kennen, wandelst du die Idee dahinter ein wenig ab, du machst wie bei Musik, etwas Neues daraus, einen Remix! Vielleicht erkennst du an dieser Idee auch etwas, das du verbessern kannst oder du hast eine bessere Wachstumsstrategie (siehe nächsten Abschnitt), als diejenigen, von denen du dir die Idee abgeschaut hast, sodass du mit der gleichen Idee mehr Leute erreichen kannst, oder Leute, die um dein "Vorbild" einen bogengemacht haben oder Leute, die so von deiner Konkurrenz begeistert von diesem Konzept sind, dass sie einfach davon nicht genug kriegen können.

Es ist sogar noch nicht einmal nötig, eigene Videos zu produzieren! So kannst du bei YouTube (Instagram, Google oder Pinterest) nach fail oder anderen lustigen Videos suchen, den Filter "no copyright" bzw. "Creative Commons" Lizenz nutzen und so gezielt Videos bekommen, die keinem Urheberrecht unterstehen. Solche Videos darfst du selber weiterverwenden, ändern und auch monetarisieren, ohne rechtlich belangt zu werden. Du musst nur deine Quelle in der Videobeschreibung verlinken und bestenfalls noch einmal deine Quelle um ausdrückliche Erlaubnis fragen! Nun kannst du also einen YouTube Kanal starten, in dem du nur Urheberrechts freies Material zu einem bestimmten Thema verwendest und mit der richtigen Wachstumsstrategie (siehe nächsten Abschnitt), diese in deinem Ranking auf YouTube besser platzierst, als die Quelle, die du dafür genutzte hast. Wie das genau funktioniert, wie du mit YouTube erfolgreich wirst, ohne selbst Videos zu erstellen, erfährst du im Bonusteil

Eine Möglichkeit, erfolgreich auf YouTube zu werden und Inhalte für einen Kanal zu finden, ist, Videos zu Themen zu machen, die gerade "im Trend" sind. Dazu kannst du entweder täglich Nachrichten und Klatsch und Tratsch Magazine schauen oder Programm wie Google Trends nutzen, um herauszufinden, was gerade bei den Menschen angesagt ist. Google Trends: https://trends.google.de/trends/?geo=DE

Du kannst ebenfalls die Funktion "Trend" im Menü auf deiner YouTube Startseite (nicht die Seite deines Kanals!) nutzen, um Videos ausfindig zu machen, die gerade stark angesagt sind, um über das selbe Thema eigene Videos zu machen und so auf der Trendwelle mitzuschwimmen:
https://www.youtube.com/feed/trending

3.3 Die richtige Wachstumsstrategie

Auf YouTube gilt das gleiche, wie auf Instagram, wenn du erfolgreich werden willst: Du musst erst einmal entdeckt werden! Nun ist es bei YouTube anders als bei Instagram so, dass YouTube eine echte Suchmaschine darstellt. Das heißt, dass mit ein paar gewissen Tricks die Leute auf YouTube DICH finden! Da YouTube, wie bereits erwähnt, eine richtige Suchmaschine ist, musst du dazu dementsprechend eine Art "Suchmaschinenoptimierung" machen. Das bedeutet einfach nur deine Titel, Tags und Beschreibung so wählen, wie man in einer

Suchmaschine danach suchen würde. So sollte man auch eine gute Keywordrecherche betreiben. Keywords sind Begriffe, die die Leute in die Suche eingeben. Das heißt, du musst für die richtige Keywordrecherche in die Suchleiste ein Keyword eingeben, wozu du gefunden werden willst, dann ein Leerzeichen eingeben und dir notieren, welche Vorschläge als nächstes erscheinen. Diese Vorschläge kannst du nun als Titel und in die Zeile für deine Tags beim Hochladen deines Videos eingeben.

Noch einmal vereinfacht gesagt: Beispiel „Instagram" (siehe Bilder unten!)

Du fängst an, in der Suchzeile von YouTube entweder nur einen einzelnen Buchstaben einzugeben und notierst dir, was dir dort als meistgesuchte Begriffe angezeigt wird, um dazu Videos zu machen oder du gibst einen einzelnen Suchbegriff ein (= ein Keyword), zu dem du ein Video machen möchtest, fügst ein Leerzeichen am Ende ein und notierst dir nun alle Vorschläge, die dir YouTube nun für die Suche macht. Diese Begriffe sind dabei nach der Häufigkeit der Suchanfrage sortiert. Heißt, was ganz oben steht, wird am häufigsten gesucht. Du solltest nun im Titel deines Videos eine solche Kombination von Wörtern eingeben, zwei drei richtige (!) Sätze mit diesen Kombinationen in die Videobeschreibung packen und mehrere Kombinationen solcher Keywords in die Tags schreiben.

```
instagram tipp|

instagram tipps
instagram tipps für mehr follower
instagram tipps für anfänger
instagram tipps und tricks deutsch 2018
instagram tipps 2018
instagram tipps für fotografen
instagram tipps 2019
instagram tipps barbara
instagram tipps fotos
instagram tipps follower
                                    Vervollständigungen bei der Suche melden
```

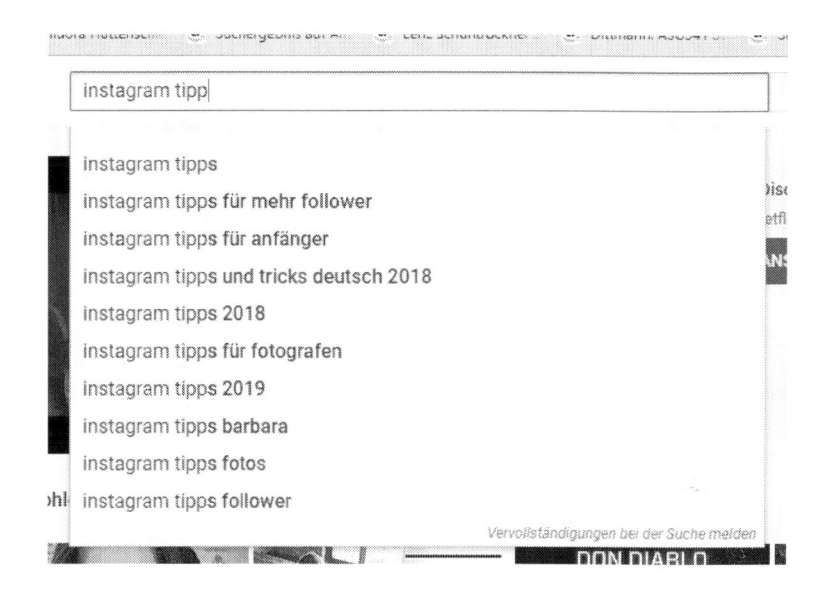

In dem Beispiel aus den Bildern könntest du also als Titel wählen „Instagram Tipps für mehr Follower" um eine gute Platzierung zu haben. Dazu packst du diese Kombination in die Tags sowie weitere Begriffe (aus den Bildern oben) wie „Instagram Tipps 2018" „Instagram Follower bekommen", „Instagram Follower", „Instagram", „Follower", „Tipps" usw. So kannst du maximal 30 Tags beim Hochladen deines Videos einfügen, die solche Keyword Kombinationen oder auch einzelne Schlüsselwörter beinhalten.

Geheimtipp: Benenne ebenfalls die Originaldatei deines Videos und deines Titelbildes (=Thumbnail) genau wie eine dieser Kombination dieser Keywords, zu der du gefunden werden willst, am besten so, wie der Titel deines Videos am Ende heißen soll. Da YouTube als einzige Information, dein Video einzuordnen, nur die Informationen aus deinem Titel, deiner Beschreibung, deinen Tags sowie der Namen deiner Originaldateien, die du bei YouTube hochlädst, hat, solltest du alle diese Punkte möglichst genau benennen und so wählen, wie die Leute danach suchen.

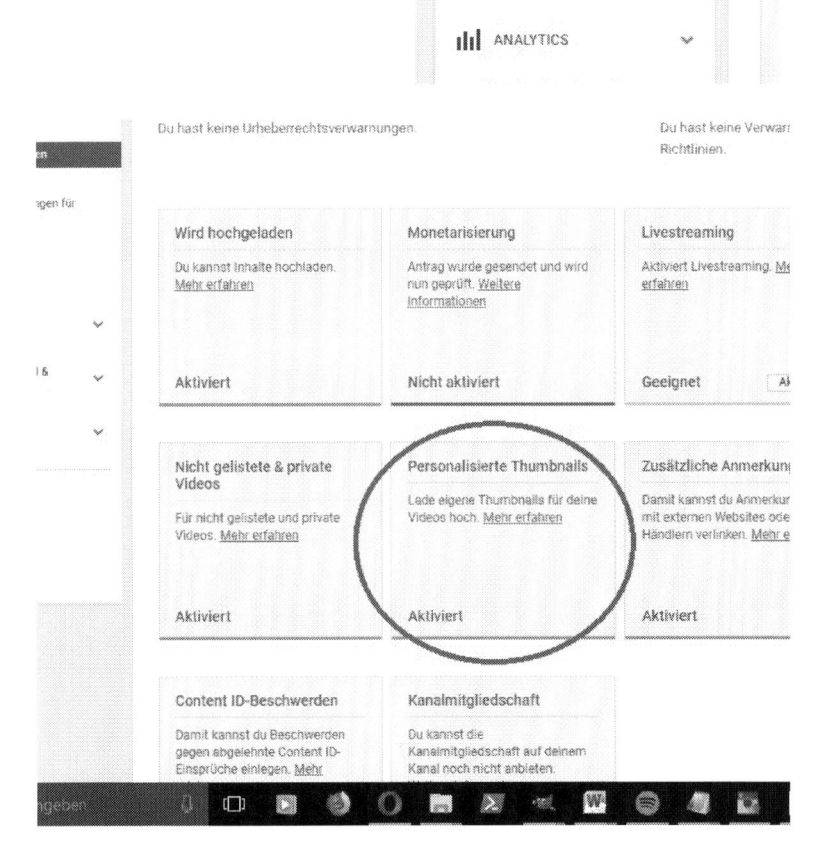

Das richtige Thumbnail

Dann solltest du auffallende Thumbnails, also Vorschaubilder nehmen, die den Leuten zeigen, was du ihnen mit deinem Video gibst. Eigene Thumbnail musst du unter deinen Kanaleinstellungen allerdings erst einmal freischalten (siehe Bilder).

Wichtig ist, dass du dich mit deinen Titelbildern von allen anderen abhebst. Wenn beispielsweise alle anderen Videos in den Suchergebnissen eine rote Schrift verwenden, nimmst du eine Blaue oder wenn alle anderen Videos ohne Rand sind, füg deinen Bildern einen roten Rand hinzu.
Dazu solltest du Bilder und Text wählen, die zum Aufrufen deines Videos animieren. Dazu zählen auch sogenannten Clickbaits (also Köder, die gezielt darauf abzielen, Klicks auf dein Video zu bekommen), was auch etwas Provozierendes sein kann. Etwas, das neugierig auf den Inhalt deines Videos macht. Auch der Titel von deinem Video sollte neben deinen Keywords, wie oben beschrieben, auch eine Art Clickbait enthalten, also Worte, die Interesse bei den Leuten weckt und zum Ansehen animieren.

Dein Thumbnail sollte dann auch nicht zu überladen wirken. Lieber einfache Bilder mit wenig, großem, gut lesbaren, aber aussagekräftigen Text wählen oder auch Emojis (je nach Thema deines Videos) verwenden. Clickbaits, die dabei erlaubt sind, sind solche, die die Zuschauer beim Ansehen des Videos nicht "enttäuschen", indem du sie in die Irre geführt hast, durch "falsche Werbung". Solche Clickbaits, die den Zuschauern falsche Inhalte versprechen oder wirklich nur den Klick auf das Video provozieren sollen, ohne dass die Inhalte dazu passen, sind nicht erlaubt. Nicht, weil es dir jemand verbietet, sondern weil deine Zuschauer das mit einem Daumen nach unten bestrafen. Dementsprechend wirst du zwar vielleicht Klicks bekommen, aber definitiv keine Abonnenten und noch schlimmer, eine Benachteiligung im Ranking des YouTube Algorithmus, der entscheidet, wann, wo, wie oft und bei wem deine Videos den YouTube Nutzern von allein vorgeschlagen werden. Du kennst das als diese Videos, die auf deiner YouTube Startseite erscheinen oder rechts neben einem aufgerufenen Video. Lernvideos zum Thumbnail/Titelbild deines Videos findest du ebenfalls im Bonusteil zu diesem Buch.

Mehr Abonnenten

Diese Strategien sichern dir zwar Klicks, aber noch nicht unbedingt Abonnenten. Da Abonnenten und zwar in einer Höhe von ganzen 1000, die Grundvoraussetzung sind, dass du deine YouTube Videos von Google durch eingeblendete Werbung monetarisieren kannst, gebe ich dir hier meine besten Tipps, wie du möglichst schnell, viele Abonnenten bekommst! Um möglichst einfach mit ein paar Abonnenten zu starten, gibt es z.B. "Abo gegen Abo" Seiten im Internet oder als Gruppen auf Facebook! Dort kannst du dich eintragen und für jedes Abo, das du bekommst ein Abo geben bzw. umgekehrt! Suche einfach mal bei Google nach "Abo gegen Abo" oder "Abo gegen Abo YouTube". Das wäre erstmal ein einfacher Weg, recht schnell ein paar Abos zu bekommen, aber um damit auf 1k Abonnenten zu kommen, brauchst schon ein bisschen mehr, auch weil diese Abonnenten in den meisten Fällen nicht mit deinen Videos interagieren, was dir ein schlechteres Ranking im YouTube Algorithmus bringt!

Nun kannst du noch eine ähnliche Strategie anwenden, wie das Follower gewinnen auf Instagram: Nämlich in dem du mit anderen Kanälen und deren Videos interagierst!

Such dir dazu mindestens 20 Kanäle, deren Inhalte einigermaßen ähnlich zu deinen sind. Abonniere diese Kanäle und aktiviere die Glocke, sodass du bei jedem neuem Video eine Benachrichtigung bekommst. Was du nun tust: Jedes Mal, wenn diese Kanäle ein neues Video veröffentlicht haben, bist du einer der ersten, der dieses Video mit einem Daumen hoch versieht und vor allem aber einen positiven Kommentar hinterlässt. Ein Kommentar ist wie ein Fußabdruck, der bleibt. Heißt, wenn du unter jedem neuen Video dieser Kanäle einen neuen Kommentar verfasst, der den Inhalt des Videos aufgreift und vielleicht auch mit dem Kanalbetreiber interagiert, wird dieser Kommentar bleiben und auf dich aufmerksam machen. Wichtig ist: Hinterlasse keine Links, sonst giltst du schnell für YouTube als Spam und wirst gesperrt. Schreibe also einen Kommentar wie: "Hey! Klasse Video! Besonders, wie du das

Thema xyz aufgreifst hat mir besonders gefallen. Ich habe dazu auch ein passendes Video auf meinem Kanal. Schau mal vorbei!" Oder du lässt dir etwas anderes, Kreatives einfallen, das den Sinn haben soll, (1) auf dich aufmerksam zu machen, (2) mit dem Kanalbetreiber und anderen Nutzern zu interagieren und (3) auf deine Videos hinzuweisen. Idealer Weise lässt du dir einen Kommentar einfallen, den viele andere mit einem Daumen hoch markieren, damit dieser Kommentar möglichst weit oben steht und von möglichst vielen Leuten gesehen wird.

Weiterhin sollest du für möglichst hohe Reichweite noch Kommentare bei den Top Videos deiner Nische schreiben. Heißt, du gibst ein paar deiner Keywords in die YouTube Suche ein und hinterlässt bei den Top 5 – Top 10 Videos aus den Suchergebnissen einen kreativen Kommentar, der wieder wie ein Fußabdruck bleibt und auf dich aufmerksam machen soll.

Auch hier gilt aber allgemein wieder das Gleiche, wie auf Instagram: Guter Content ist das A & O! Wenn du entsprechend anziehende Inhalte hast, wenn du den Leuten einen Mehrwert gibst, etwas, das sie sehen wollen, wird es den Leuten einfach fallen, dir zu folgen und deinen Kanal zu abonnieren!

So bekommst du komplett organisch Traffic auf deine Videos, die zu echten Abonnenten werden.

Mehr Watchtime & besseres Ranking deiner Videos

Dann sei dir noch geraten, mit Playlists und Infokarten zu arbeiten und den Abspann komplett auszunutzen. Wenn du Playlists erstellst, bringst du damit die Leute, die deine Videos ansehen und auf deine Playlist von dir stoßen, länger auf YouTube zu verbleiben, was einen Pluspunkt im YouTube Algorithmus bringt! Denn hier gilt: Je länger ein Zuschauer durch dich auf YouTube und vor allem deinen Videos bleibt, desto besser werden deine Videos für andere sichtbar platziert!
Nutze gezielt Infokarten und den Abspann, um auf weitere Videos deines Kanals und auch besonders den Playlisten mit

deinen Videos hinzuweisen. Beides, Infokarten und den Abspann kannst du aktuell in YouTube nicht direkt beim Hochladen deines Videos einstellen. Das geht erst, wenn dein Video bereits komplett von YouTube verarbeitet ist. Um Infokarten und einen Abspann zu deinen Videos hinzuzufügen, gehst du nach dem Hochladen deines Videos entweder im "Creator Studio", dessen Link du oben rechts unter deinem Profilbild findest (siehe Abbildung), wenn du darauf klickst oder nach Aufrufen deines entsprechenden Videos selbst und dort jeweils auf "Bearbeiten" gehst. Wichtig ist: Diese Funktion ist noch nicht in YouTube Studio Beta verfügbar. Wähle in YouTube Studio Beta (studio.youtube.com) links im Menü die Option „YouTube Studio Classic". Erst dann wird dir beim Bearbeiten deines Videos nach dem fertigen Hochladen die Option Infokarten (oder auch Abspann) angezeigt. Nun kannst du noch einmal alle Infos deines Videos, wie Titel, Beschreibung, Keywords, Monetarisierung, etc. ändern und eben auch über die entsprechenden Reiter im oberen Menü Infokarten und den Abspann hinzufügen!

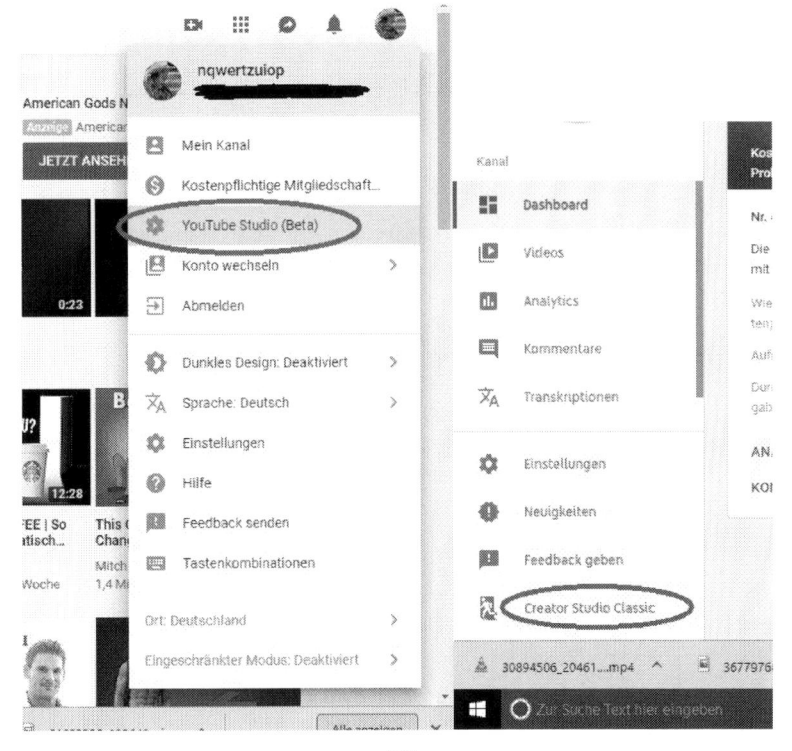

Dann solltest du noch beachten, regelmäßig gute Videos herauszubringen. Angeblich heißt es, dass du wenigstens einmal pro Woche ein neues Video veröffentlichen solltest, um richtig zu wachsen. Das dachte ich bis her auch, und stimmt natürlich auch im Großen und Ganzen. Tatsächlich ist aber einer meiner YouTube Kanäle in Zeiten besser gewachsen und hat mehr Klicks auf die Videos bekommen, als ich statt immer Woche für Woche ein neues Video, nur alle zwei/drei Monate dazu gekommen bin, ein neues Videos zu veröffentlichen! Heißt für dich: Qualität vor Quantität! Ein gutes Video pro Monat bringt dir mir mehr als vier schlechte Videos einmal pro Woche. So habe zumindest ich YouTube kennen gelernt!

Weitere Taktik: Mach mehrere Videos zu einem Thema! Heißt, auf meinem Kanal haben ich ein Video zum Thema Instagram veröffentlicht. Da das ein beliebtes Thema ist und ich vergangene Videos dazu weiter fördern wollte, da diese in meinem Kanal etwas untergingen, habe ich mir immer wieder etwas Neues zum Thema Instagram einfallen lassen. Alle diese Videos über Instagram haben natürlich zusammengefasst eine eigene Playlist zum Thema Instagram bekommen und wurden unter einander per Infokarten und im Abspann mit einander verknüpft. Damit fördert jedes einzelne Video jedes andere. Wenn man also mehrere Videos zu einem Thema heraus bringt (und diese im besten Fall in eigenen Playlisten organisiert), ist der Zuschauer geneigt, sich noch die weiteren Videos zu dem Thema anzusehen. Damit hast du mehr Klicks und eine längere Aufenthaltsdauer (= Länge der Session/Sitzung/Watchtime), die der YouTube Algorithmus positiv für dich vermerkt. Dadurch werden deine Videos besser platziert, du bekommst noch mehr Klicks und noch mehr Abonnenten!

Dann gilt für den YouTube Algorithmus: Wenn du von YouTube selbst promotet werden willst, musst du dir, besonders am Anfang, so viele Abonnenten und Videoaufrufe von externen Quellen holen. Wenn YouTube bemerkt, dass "von außen" viel Traffic auf deinen Kanal und deine Videos kommt, stuft dich der Algorithmus als umso beliebter ein und platziert dich besser bei Suchergebnissen und vorgeschlagenen Videos.

Deshalb ist eine wichtige Strategie, dass du dir zuerst mit Instagram etwas Großes aufbaust, was du ohne Startkapital einfach mit ein bisschen Zeit hinkriegen solltest. Wie du aus dem vorherigen Kapitel gelernt hast, ist es besonders mit Instagram extrem einfach, schnell und kostenlos möglichst viel Reichweite aufzubauen. Diese solltest du nutzen, um damit deine YouTube Kanäle mit Klicks "von außen" zu versehen, indem du regelmäßig Beiträge zu deinen YouTube Kanälen bzw. Videos bei Instagram veröffentlichst und auch Stories darüber machst. Dann packst du den Link zu einem Video, das du promoten willst in dein Instagram Profil. In den Instagram Beiträgen packst du dann einen Ausschnitt von deinem neuen Video, ein Making of, etc. , wie immer, einen Call-to-Action, der auf den Link in deinem Profil verweist und zum Ansehen animiert. Schreibe also in die Beiträge sowas wie "Schau dir jetzt das vollständige Video auf YouTube an! Link im Profil!"

Das kannst du nutzen, um Geld damit zu verdienen, dein Startkapital, dass du z.B. in einen besseren PC, eine bessere Kamera oder erst einmal in ein Stativ stecken kannst, dass dein YouTube Geschäft fördert und weiter nach vorne bringt!

3.4 Fehleranalyse

Nicht jeder Inhalt funktioniert gleich gut! Deswegen solltest du dir bewusst sein, wenn du irgendein Thema nutzt, das nicht „massentauglich" ist und nur wenige Leute nach sowas suchen, wirst du nur entsprechend wenig Aufrufe und Abonnenten bekommen. Wenn dein Thema aber allgemein stimmt, heißt, es gibt vereinzelt nur ab und zu mal ein Video das deutlich schlechter läuft, solltest du zuerst das Titelbild ändern. Wenn das nach vier bis acht Wochen keine Besserung bringt, ändere den Titel und die Tags. Um deinen Videos gerade für den Anfang, die nötige Starthilfe zu geben und möglichst viele, neue

Zuschauer von außen dazuzuholen, komm in meine Facebook Gruppe, in der wir uns alle gegenseitig unterstützen können! Den Link findest du im Bonusteil!

4. Facebook richtig nutzen

4.1 Die Grundlagen

Facebook ist zwar auf Platz 1, was die Benutzerzahlen angeht, hat aber einen entscheidenden Nachteil gegenüber den beiden bereits genannten Sozialen Netzwerken. Facebook ist so mit Inhalten überfüllt, dass es extrem schwierig ist, gesehen zu werden und Reichweite zu bekommen. Bei Facebook wird man leider kaum darum herum kommen, gegen Geld Anzeigen zu schalten, um entdeckt und bekannter zu werden oder wenn man Geld verdienen möchte! Ein paar Strategien, wie es aber dennoch klappen sollte, möchte ich dir hier mitgeben.

Diesem großen Nachteil Facebooks steht aber ein anderer, nützlicher Vorteil gegenüber: Die Funktionalität! Facebook bietet alles, was die beiden bereits genannten Sozialen Netzwerke an Funktionen bietet in einer einzigen Plattform und noch mehr! Du kannst in Facebook Seiten erstellen (neben deinem privaten Profil), Bilder und Videos hochladen, Seiten folgen, dich mit anderen vernetzen und Geld damit verdienen. Das sind die grundlegenden Funktionen, die du bereits aus den anderen beiden Netzwerken kennst. Doch dazu kommt, dass du bei Facebook eine bessere Nachrichtenfunktion hast, Veranstaltungen und Gruppen erstellen kannst, in Beiträgen mehr als einen Link verwenden kannst (im Gegensatz zu Instagram) und Facebook jede Menge Informationen über die Benutzer hat, die man gezielt nutzen kann.

Deswegen solltest du Facebook nicht eigenständig betrachten, sondern unbedingt als Erweiterung, der beiden vorher genannten Netzwerke ansehen.

4.2 Facebook als Privatperson

Facebook möchte der virtuelle Treffpunkt von reellen Kontakten sein. Viele Facebooknutzer, besonders Frauen, mögen es nicht, Freundschaftsanfragen von fremden Personen zu bekommen, deswegen giltst du für Facebook schnell als Spam und wirst (anfangs nur vorübergehend) gesperrt, wenn du zu viele Freundschaftsanfragen verschickst, die dann auch noch nicht beantwortet werden. Deswegen lautet mein Ratschlag Nummer 1, wenn du als Privatperson auf Facebook bekannter werden willst: Habe eine echtes Leben (und ein interessantes Leben). Damit ist gemeint: Sei offline so aktiv, wie du kannst, lebe deine Leben, habe Spaß, genieße und knüpfe Kontakte. Je mehr Leute du offline kennenlernst, desto mehr kannst du online als Freunde hinzufügen. Unternimm viel, besonders mit deinen Freunden und Freunden von Freunden. Schaff dir so einen großen Bekanntenkreis an. Jeden, selbst die, die du nur flüchtig kennen lernst, kannst du online, bei Facebook hinzufügen. So erweitert sich Schritt für Schritt der Kreis deiner Freunde und deine Bekanntheit wächst!

Der zweite Vorteil ist, wenn du ein aktives, interessantes und spannendes offline Leben hast, desto mehr Leute, ziehst du online an! Ich habe dir schon gesagt, dass du Facebook nicht alleine betrachten solltest, sondern als Ergänzung zu den anderen beiden vorher genannten sozialen Netzwerken! Wenn du ein aufregendes offline Leben hast, brauchst du nun nur noch möglichst viel davon zu dokumentieren und die online Welt daran Teil haben zu lassen. So füllst du dein Instagram Profil ganz automaisch mit neuen, guten Inhalten, hast genug Material für Vlogs auf deinem (privaten) YouTube Kanal und anziehende Beiträge für dein Facebook Profil! Setze den Vordergrund dabei auf Instagram, einfach nur deshalb, weil du dort am besten, am einfachsten und am schnellsten mehr Reichweite bekommst, als auf jedem anderen sozialen Netzwerk. Diesen Traffic von Instagram kannst du nun gezielt, über den Link in deiner Bio zu Facebook lenken. Dabei sei dir aber gesagt, dass die Leute einen Nutzen davon haben sollten, wenn sie dich auch bei Facebook hinzufügen, sonst wird deine Ausbeute verhältnismäßig gering sein! Genau so kannst du Traffic von YouTube gezielt zu deinem

Facebook Profil leiten. So kannst du auf deiner Kanalseite unter „Kanalinfo" ganz unten Links hinzufügen, die dann auf dem Titelbild deines Kanals oben rechts über den Abonnieren Knopf angezeigt werden (siehe Bild).

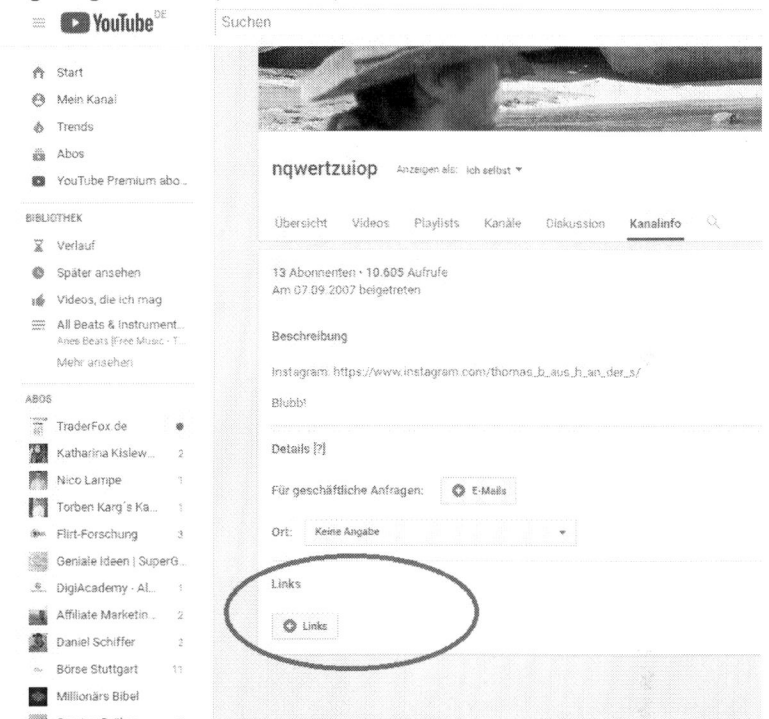

Aber auch bei Facebook kannst du ein paar Tricks anwenden, die du schon von Instagram kennst. So kannst du z.B. immer andere Leute in deinen Beiträgen verlinken. So werden diese darauf aufmerksam und neigen eher dazu auf gefällt mir zu klicken und zu kommentieren. Genau so kannst du auch direkt zur Interaktion aufrufen, wie du das von Instagram kennst. Das Schöne bei Facebook ist, je mehr Leute auf deine Beiträge reagieren, desto viraler geht dieser – einer der Vorteile von Facebook gegenüber Instagram oder YouTube. Denn jedes Mal wenn jemand auf deinen Beitrag reagiert oder kommentiert, wird das auch Freunden von diesen Personen angezeigt, die dich so entdecken können. Hast du nun entsprechend anziehende Inhalte, was du durch ein interessantes Leben bekommst, erhöhst du auch die Wahrscheinlichkeit, dass so fremde Leute anfangen, von alleine mit dir zu interagieren. Auch die Wahrscheinlichkeit, dass komplett Fremde Leute deine Freundschaftsanfrage annehmen ist deutlich höher, wenn du ein interessantes Leben und damit ein interessantes Facebook Profil hast. Dennoch gilt: Prinzipiell gilt für mehr Reichweite von Facebook Seiten das gleiche, wie für Instagram Seiten, nur kann man hier nicht folgen & entfolgen. Deswegen sollte man hier besonders zum Verlinken, Kommentieren und Teilen animieren, damit ein Beitrag viral geht. Ist ein Beitrag erst mal viral, lässt sich hier am besten mehr Reichweite erzielen!

4.3 Facebook Gruppen als Geheimtipp, egal ob Privatperson oder Unternehmen

Da es hier in diesem Buch vorrangig darum gehen soll, wie du auf kostenlosem Weg mehr Reichweite bekommst und ohne Startkapital von Null auf Geld mit den sozialen Netzwerken verdienen kannst, gebe ich dir hier zuerst einen Weg, wie du kostenlos das Maximum aus Facebook heraus holst.

Der Trick bei Facebook ist es eigentlich nur, mehr Gruppen anstatt Seiten zu nutzen. Nicht nur, dass Leute in deiner Gruppe dich oder dein Produkt gegenseitig unterstützen, da in Gruppen jeder für alle sichtbar Beiträge erstellen kann (auch mit der Option, dass du – oder ein anderer Admin der Gruppe- diese Beiträge von anderen vorher erst genehmigen muss), sondern auch, da Facebook eher Beiträge aus Gruppen an deren Mitglieder ausspielt, als Beiträge von Seiten an deren Abonnenten. Nicht, dass du komplett auf Seiten verzichten solltest, nein, du solltest auch Facebook Seiten nutzen und eine Gruppe damit verknüpfen. Die Option dazu werden dir in den Gruppeneinstellungen angezeigt.

Heißt, also für dich, du solltest dir eine Facebook Seite über dich, deine Marke, dein Unternehmen oder deiner Nische erstellen und passend dazu eine Gruppe. Du teilst nun Beiträge deiner Seite auch in deine Gruppe.

Da wir ja, wie bereits erwähnt, Facebook nur als Erweiterung für die anderen beiden sozialen Netzwerke sehen, holst du nun Mitglieder deiner Gruppe von außerhalb, also Nutzer von Instagram und YouTube. Das gelingt, dir aber nur, wenn die Leute einen Grund haben, in deine Gruppe zu kommen. Heißt, du brauchst einen Mehrwert, den du deinen Followern mit deiner Gruppe gibst. Einen Mehrwert, den sie bei Instagram und YouTube nicht bekommen können, wie z.B. deinen persönlichen Support zu einem bestimmten Thema.

Facebook in Kombination mit den anderen beiden sozialen Netzwerken

Facebook eignet sich am besten, wenn du es als Anlaufstelle für persönlicheren Umgang mit deinen Abonnenten ansiehst. Da du ja eh bei Instagram egal, ob nur als Privatperson, Unternehmen oder Nischenseite, ein Businessprofil nutzen sollst, hast du allein spätestens dadurch automatisch eine Facebook Seite, die eben mit genau dieser Instagram Seite verknüpft ist. So kannst du deine Beiträge auch gleich auf deine Facebook Seite dazu veröffentlichen und so auch Leute erreichen, die nicht bei Instagram sind. Passend zu dieser Seite machst du dann noch eine Gruppe, in der du deinen Anhängern noch einen weiteren Mehrwert, wie z.B. persönlichen Support oder Ähnliches gibst. Auch wenn du YouTube nutzt, kannst du Facebook nutzen, um deine Abonnenten mehr an dich zu binden. Facebook und YouTube mögen sich nur nicht wirklich. Da Facebook seine Nutzer bei sich behalten will, sind die Funktionen eines YouTube Videos, das du bei Facebook veröffentlichst, begrenzt. So sieht man in den Standardeinstellungen nie das Titelbild deines YouTube Videos in voller größer, dazu wird es leicht übersehen bzw. ignoriert, da es im Gegensatz zu Facebook Videos nicht direkt abgespielt wird, sondern nur ein billige Vorschau als Beitrag angezeigt wird. Der Trick ist hier: Erstelle in deinem Schnittprogramm einen kurzen Auszug aus deinem eigentlichen YouTube Video, den Anfang, kurz vor dem Höhepunkt oder auch eine andere markante Stelle, die Lust auf mehr macht. Du kannst aber auch ein Making of, eine Story oder Ähnliches, das deine

YouTube Inhalte erweitert nutzen. Dieses kurze Video lädst du dann auf deine Facebook Seite/Gruppe und jeder deiner Anhänger sieht so sofort das Appetithäppchen deines eigentlichen YouTube Videos. In den Beitragstext selber erzählst du dann kurz in ein/zwei Sätzen, worum es in deinem Video geht oder machst nur einen kurzen Teaser, der sagt „Schau dir das vollständige Video auf YouTube an" und hinterlegst gleich den Link zum Video, am besten noch mit einem Emoji als Call-To-Action zur Aufforderung, den Link anzuklicken und schon nutzt du den Vorteil Facebooks, dass dein Video dort viral gehen, sich also schnell verbreiten kann und steigerst so gleich direkt zu Anfang, nachdem du dein Video bei YouTube hochgeladen hast, noch die Anzahl der Aufrufe, sodass dein Video im besten Fall vom YouTube Algorithmus weiter und besser gefördert wird. Das Gleiche gilt für Livestreams, die du auf YouTube machen willst. So kannst du drei Tage, einen Tag, eine Stunde und/oder 15 Minuten vor Beginn deines Livevideos auf YouTube ein Ankündigungsvideo bei Facebook hochladen und den Link in den Beitrag packen. So sieht jeder deiner Anhänger gleich, was du vor hast, da dein Video automatisch abgespielt wird, wenn es ein Facebooknutzer sieht und du ziehst so die Leute von Facebook direkt auf deinen Livestream.

4.4 Facebook als Unternehmen: FB Ads (Werbung)

In diesem Buch soll es vorrangig um kostenlose Strategien, gehen, wie du mehr Reichweite bekommst und Geld mit den sozialen Netzwerken verdienst. Da es aber ein schlechter Service wäre, dir nicht auch die Strategien über bezahlte Wege aufzuzeigen, hier ein paar Tricks, wie du mit Facebook Ads gezielt Leute erreichst, worrüber du Geld verdienen kannst.
Da das aber ein Thema ist, das allein schon ein vollständiges Buch füllen kann, möchte ich dich auf den Videokurs im Bonusteil dieses Buches verweisen, wenn dich dieses Thema mehr interessieren sollte.

Facebook weiß fast alles über uns, wie alt wir sind, welche Ausbildung wir haben, was wir arbeiten, was wir mögen, wo wir wohnen, etc. Genau das macht sich Facebook zu Nutze, um Firmen zu ermöglichen, gezielt die Leute anzusprechen, bei denen es wahrscheinlicher ist, das ihnen die Werbung/das Produkt/das Unternehmen gefällt. Um Werbung auf Facebook zu schalten, brauchst du dringend eine Facebook Seite. Damit sind nicht die normalen Profile von (realen) Personen gemeint, sondern Seiten, die man mit einem Klick auf „Gefällt mir" abonnieren kann. So eine Seite erstellst du ganz einfach, indem du oben im Menü auf Facebook, ganz rechts auf den kleinen Pfeil und dort auf „Seite erstellen " gehst. Nun wählst du nur noch Name und Kategorie aus, fügst Profil- sowie Titelbild hinzu, eine Info, Impressum und baust deine Seite auf, fast so wie ein normales Profil auf Facebook.

Eine Art Geheimtrick ist es, bei Facebook Gruppen zu verwenden und das mit Facebook Ads zu kombinieren! So kannst du z.B. anstatt Leads (also Kontakte) für deine Chatbot- oder Email Liste (siehe Kapitel Strategien zum Geld verdienen) einfach Mitglieder für deine Facebook Gruppe sammeln.
Da Facebook in Werbeanzeigen keine URLs zu Facebook erlaubt, musst du die Adresse deiner Facebook Gruppe kopieren und mit http://bit.ly kürzen (= cloaken). Durch diese Weiterleitung merkt Facebook nicht, dass deine Anzeige zu einem Ort auf Facebook zielt, was deine Anzeige zum Sammeln von Mitgliedern für deine Facebook Seite erst ermöglicht.
Nun kannst du die Facebook Gruppe nutzen, um wie beim Email Marketing, deinen Abonnenten bzw. Gruppenmitgliedern, Beitrag für Beitrag immer mehr weiterzuhelfen und ihnen einen echten Mehrwert geben. Ganz unscheinbar baust du dann in jedem dritten bis achten Beitrag deine (Affiliate) Produkte ein und lenkst somit deine vorgewärmten Besucher auf die Verkaufsseiten. Das klappt auch sehr gut für dein Network Marketing!

Eine Strategie z.B. wäre, dass du dir selber die ein oder anderen Affiliate Produkte holst und diese somit kennenlernst. Dieses Wissen, das du so aus und über die Affiliate Produkte hast, kannst du nutzen, um Häppchen für Häppchen deinem Traffic immer mehr Mehrwert zu geben und ihnen so deine Produkte immer schmackhafter machst!

Wie bereits erwähnt ist der große Vorteil von Facebook Gruppen dabei, dass deine Mitglieder praktisch wie von selbst dafür sorgen, deine Produkte zu promoten, indem du ihnen mit dieser Gruppe praktisch eine Hilfestellungen und eine Art Support gibst und damit deinen Traffic immer wärmer machst!

Wie du Facebook Ads nun gezielt zur Monetarisierung deiner Inhalte nutzt, erfährst du im Kapitel „Strategien zum Geld verdienen"

5. Strategien zum Geld verdienen

5.1 Die Grundlagen

Um online, also auch mit den sozialen Netzwerken, Geld zu verdienen, gibt es 5 große Wege, das umzusetzen:

1. Der Verkauf eigener Produkte

2. Der Verkauf fremder Produkte

3. Anbieten von Dienstleistungen

4. Network Marketing

5. (Day-)Trading

Für Anfänger ist dabei der zweite Weg der Weg der Wahl, bevor du zur Königsklasse übergehst und eigene Produkte bzw. auch Dienstleistungen anbietest. Beim Verkauf fremder Produkte hast du nämlich keine Produktionskosten, geschweige denn den

Aufwand dahinter und benötigst keinen kostspieligen Support. Dabei handelt es sich um das sogenannte „Affiliate Marketing".

5.1.1 Affiliate Marketing

Deswegen hier die Grundlagen des Affiliate Marketings, das du zur idealen Monetarisierung deiner Sozialen Netzwerkkanäle nutzen kannst.

Affiliates sind dabei Partner, Partner der Hersteller eines Produktes. Diese Partner sorgen nun dafür, Traffic (= Besucher) auf die Produkte des Herstellers zu lenken und diese Besucher bestenfalls zu Kunden werden zu lassen. Für diese Leistung des Affiliates, dem Hersteller Traffic und damit Kunden zu beschaffen, gibt der Hersteller dem Affiliate nun einen Teil der Einnahmen als Provision ab.

Diese Provisionen fallen dabei in unterschiedlicher Höhe von 1 % bis in bestimmten Fällen sogar 100 % aus. Physische Produkte, die du z.B. bei Amazon kaufen kannst, geben dabei in der Regel eine Provision von 1 bis maximal 10 %. Lukrativer sind da schon digitale Produkte, meist online Kurse. Auf digitale Produkte bekommst du meistens um die 50 % Provision, manchmal deutlich darunter, in wenigen Fällen auch deutlich darüber. Ein Affiliate Produkt, dass dir tatsächlich 100 % Provision bringt, findest du ebenfalls im Bonusteil zu diesem Buch. Dieses Produkt eignet sich perfekt für deine Instagram, YouTube & Facebook Monetarisierung! Eine Anleitung extra für dieses Produkt bekommst du damit gleich mit auf den Weg!

5.1.2 Affiliate Netzwerke

Dabei kannst du fast jedes Produkt, egal ob physisch oder digital, das man online erwerben kann, als Affiliate bewerben und Provision dafür bekommen. Deswegen hier eine Übersicht über die größten Affiliate Netzwerke, die es online gibt:

Affiliate Netzwerke für Digitale Produkte

- Digistore24 (deutsch): http://www.digistore24.com

- CopeCart: https://www.copecart.com/

- Affilicon (deutsch): http://www.affilicon.net

- Clickbank (international) (internationale Alternative für Digistore24): http://www.clickbank.com

- Jvzoo (international): http://www.jvzoo.com

- Dealguardian (international): http://dealguardian.com

Affiliate Netzwerke für Mobile Apps uvm:

- Sharepop (deutsch): http://sharepop.de/

- OGads (international): http://ogads.com

- CPALead (national bis international): http://www.cpalead.com

Affiliate Netzwerke für sonstige Produkte & online Shops:

- Amazon (national bis international): http://partnernet.amazon.de

- Ebay.de (national bis international): http://partnernetwork.ebay.de

- Check24.de (deutsch): http://www.check24.de/partner/partnerprogramm

- Awin (ehemals Zanox und Affilinet)

    → https://www.awin.com/de

- Belboon (deutsch): https://www.belboon.com/de/

- Adcell (deutsch): http://www.adcell.de

- Webgains: https://www.webgains.com/public/de/

- Aklamio: https://www.aklamio.com/

- Tshirts: https://www.teezily.com/affiliate und

- Merchandise: https://www.spreadshirt.de/affiliate-programm-C5507

Da es zu praktisch jedem Produkt, das du online erwerben kannst, eine Partnerprogramm gibt, kannst du auch einfach bei einem Verkäufer/Hersteller zum Ende der Webseite der Produkte gehen. Dort verbirgt sich so gut wie immer der Link mit dem Namen „Partnerprogramm" (oder „Affiliate"), worüber du das Produkt von dieser Webseite bewerben kannst.

Was ich dir an dieser Stelle auch sehr ans Herz legen kann, ist die Chrome Erweiterung Affilitizer, die du kostenlos für deinen Chrome Browser installieren kannst. Nachdem du diese Erweiterung installiert hast und du bei Google nach bestimmten Shops, Produkten oder Angeboten suchst, zeigt dir Affilitizer neben dem Link ein Symbol an, auf das du klicken kannst, wenn man diesen Anbieter als Affiliate bewerben kann. Klickst du auf das Symbol kommst du direkt zu dem Affiliate Netzwerk, in dem der Anbieter ist und du kannst dich so direkt als Affiliate dafür bewerben! https://www.affilitizer.com/de/

Ein Geheimtipp dafür ist auch die Seite https://www.100partnerprogramme.de/ auf der du die beliebtesten Partnerprogramme im Netz aufgelistet findest.

Da du nun mit deinen Kanälen auf den sozialen Netzwerken eine bestimmte Zielgruppe ansprichst, kannst du nun dafür passende Produkte bei diesen Affiliate Netzwerken heraus suchen, deinen persönlichen Affiliate Link darüber in deine Kanäle einbauen und mit Call-to-Actions deine Reichweite zum Kauf dieser Affiliate Produkte animieren. Für jeden Verkauf erhältst du nun Provision. Melde dich also bei den verschiedenen Affiliate Netzwerken an und schau auf deren Marktplätze, welche Produkte du dort bewerben kannst, wofür und wieviel Provision du bekommst. Mit „wofür" ist gemeint, ob „pay per lead", bei dem die Besucher ihre Kontaktdaten (meist nur die Email Adresse) hergeben, wofür du Geld bekommst, „pay per click", wobei du Provision nur für den Klick auf deinen Affiliate Link bekommst oder „pay per sale", wobei du nur bei erfolgreichem Verkauf Provision erhältst. Bei vielen dieser Netzwerke wird oft aber auch als Voraussetzung für eine erfolgreiche Anmeldung eine eigene Webseite benötigt. Damit aber auch das kein Hindernis, sondern vielmehr ein Vorteil für dich wird, hier erst einmal eine kurze Einleitung, wie du Webseiten in Kombination zu deinen Sozialen Netzwerken nutzt.

5.1.3 Betreiben von Webseiten

So kannst du z.B. „billig" anfangen und dir mit deinem Google Konto, das du ja eh schon hast, um damit deinen YouTube Kanal betreiben zu können, einen kostenlosen Blog auf blogger.com anlegen. Falls du dazu Hilfe benötigst, findest du auf YouTube jede Menge Anleitungen zum Erstellen und Betreiben eines Blogs von Blogger. Du kannst auch in den Bonusteil zu diesem Buch schauen und mich fragen, wenn du nicht weiter kommst!

So einfach, wie das auch ist, so „unprofessionell" und „billig" wirkt das aber auch. Besser sind da schon Webseiten und Blogs, die mit Wordpress erstellt wurden. Wordpress kannst du entweder als kostenlose Software auf deinen Webspace eines beliebigen Anbieters installieren, oder aber auch komplett kostenlos unter wordpress.com erstellen. Diese Blogs und Webseiten, selbst in der kostenlosen Variante als Subdomain bei wordpress.com (also beispielsweise http://deinbenutzername.wordpress.com) wirken wesentlich professioneller und übersichtlicher als die kostenlosen Alternativen von Blogger. Allerdings ermöglicht es die kostenlose Version auf wordpress.com nicht, html Codes z.B. vom Amazon Partnerprogramm oder für ein Kontaktformular für die Eintragung in deinen Email Newsletter, einzufügen. Hier ist man gezwungen, einen einfachen Textlink zu verwenden. Bei Blogger von Google kannst du praktisch jeden beliebigen html oder java code einfügen, der richtig dargestellt wird. Ein Vorteil von Blogger gegenüber wordpress.com. Dazu kommt, dass du bei einem kostenlosen Blog auf wordpress.com nur eingeschränkt html-Codes zum bestätigen deiner Webseite (z.B. für YouTube oder Affiliate Netzwerke, wie awin) im Head-Bereich der Webseite einbinden kannst. Wenn du aber Wordpress als eigenständige Software auf einen Webspace deiner Wahl installierst, kannst du auch hier jeden beliebigen html Code in deine Wordpressseite einfügen. Wenn du alle Vorteile einer eigenständigen Wordpressinstallation auf deinem eigenem Webspace möchtest, kann ich den Hoster https://www.bplaced.net/ empfehlen, wo du 1 GB Webspace komplett kostenlos bekommst. Hier kannst du dir Wordpress (das du dir unter https://de.wordpress.org/ herunter geladen hast) installieren. Wenn du dann noch eine eigene Domain haben willst, also sowas wie www.deinname.de empfehle ich dir, kostengünstig eine Domain bei www.do.de zu holen. Das kostet dich ca. 6 € im Jahr, das kann man sich selbst von seinem Taschengeld leisten! ;-) ... Mit dieser eigenständigen Installation von Wordpress kannst du alle Vorteile genießen, wie Plugins und benutzerdefinierte html-Codes. Anleitungen zur Wordpressinstallation findest du zur Genüge auf YouTube. Das ist wirklich kinderleicht und kann in 5 Minuten erledigt werden. Schau dir einfach mal Blogger und wordpress.com an und probiere dich ein wenig aus. Du findest zu beiden Plattformen jede Menge Anleitungen auf YouTube. Das würde hier in diesem Buch sonst komplett den Rahmen sprengen.

Wenn du nach etwas noch professionellerem suchst, das aber etwas Geld kostet, kann ich dir Builderall empfehlen, womit ich arbeite, da du damit alles machen kannst, was du für dein online Business brauchst. Darunter ein einfach zu bedienender Webseitenbaukasten, bei dem es fast keine Grenzen im Aufbau deiner Webseite gibt!

Was du hier auf jeden Fall noch eine Pflicht für dich ist, um dich rechtlich abzusichern, ist, eine Seite hinzuzufügen, die dein Impressum beinhaltet und eine Seite für deine Datenschutzerklärung. Diese beiden Seiten MÜSSEN von jeder beliebigen Seite deines Blogs aus mit maximal zwei Klicks erreichbar sein! Welche Inhalte in dein Impressum müssen findest du der Übersicht halber in den Boni zu diesem Buch. Dort gebe ich dir die Vorlagen, die ich für meine Webseiten verwende. Da ich kein Anwalt bin, kann ich darauf allerdings keinen Anspruch geben, dass diese Vorlagen auch für deine Seite inhaltlich wie rechtlich korrekt sind. Wenn du für deinen individuellen Fall auf der rechtlich möglichst sicheren Seite sein möchtest, empfehle ich dir, ein Impressum und eine Datenschutzerklärung auf https://www.e-recht24.de/ für deinen individuellen Fall zu erstellen!

Da auch bei Blogs, wie auf jedem Sozialen Netzwerk gilt, dass du den Menschen einen echten Mehrwert geben musst, damit sie dir folgen bzw. zur Monetarisierung auch bei dir kaufen, musst du erst so viele kostenlose Informationen auf deinen Blogs, Webseiten, YouTube Kanälen und Instagram Seiten, wie möglich heraus geben, die die Probleme deiner Besucher lösen und ihnen in bestimmter Weise weiterhelfen, unterhalten, informieren oder weiterbilden! Wenn deine Besucher dann mehr davon wollen, müssen sie deine (Affiliate) Produkte bzw. Dienstleistungen in Anspruch nehmen und kaufen! Heißt, wenn du bei der Anmeldung z.B. von Awin nach einer Webseite gefragt wirst, solltest du dort eine Webseite oder Blog vorweisen können, der für dieses Netzwerk relevante Inhalte hat, damit deine Anmeldung auch angenommen wird. Beim Amazon Partnerprogramm oder Ebay Partnerprogramm reicht eigentlich immer auch ein Social Media Auftritt, also eine Instagram Seite, ein YouTube Kanal oder eine Facebook Seite aus, damit deine Registrierung für diese Partnerprogramme angenommen wird. Das lukrativste Partnerprogramm ist gleichzeitig auch das einfachste. Bei Digistore24 brauchst du keinerlei Voraussetzungen, um dich dort Anmelden zu können. Deswegen solltest du unbedingt auch eine Nische abdecken, die du mit Produkten von Digistore24 bewerben kannst. Meld dich einfach mal dort an und klick dich durch den Marktplatz durch! Dort findest du zu nahezu jeder Nische ein passendes Produkt für dich!

5.1.4 Die richtige Nische
Um im Internet und damit auch in den sozialen Netzwerken Geld zu verdienen, gibt es vier große Lebensbereiche (=Nischen), die die Menschen interessiert, Probleme darin haben und Lösungen dafür suchen. Diese vier Nischen sind Folgende:

1) Geld verdienen

2) Gesundheit & Fitness

3) Dating und Beziehungen

4) Hobby

Zu jeder dieser Nischen gibt es kleinere Subnischen, also „Unterkategorien", in denen diese vier großen Lebensbereiche unterteilt werden können.

Zur ersten Nische „Geld" gehört also alles, womit man Geld sparen, Geld verdienen & Geld anlegen kann. Subnischen wären dazu deshalb: Spartipps, richtiger Umgang mit Geld, Kontovergleiche, Vergleiche von Versicherungen, Gas-/Strom-/Internet-/Fernseh- & Moblifunkanbieter (Geld sparen), online Business aufbauen, eigene (digitale) Produkte erstellen, online Shops, Kundengewinnung, Amazon FBA, Amazon Kindle Business, Social Media Marketing, Instagram, YouTube, Facebook, etc. (Geld verdienen), Daytrading, Aktienhandel, Fonds, Kryptowährungen, Optionen, Immobilien, mit Autos handeln, Altersvorsorge, Edelmetalle & Rohstoffe (Geld anlegen).

Bei Gesundheit & Fitness: Abnehmen, Bodybuilding, Anti-Aging, Sixpack bekommen, Cellulite loswerden, Kopfschmerzen loswerden, Rückenschmerzen loswerden, Gesunde Ernährung, Stress abbauen, Burnout, Rauchen aufhören, Nahrungsergänzungsmittel, Rezepte, Beauty, etc.

Zu Dating & Beziehung: Frauen/Männer kennenlernen, Flirten, online Dating, richtiges Ansprechen, Ex-Partner zurück gewinnen, Ehe auffrischen, Trennung überwinden, richtig Kinder erziehen, Sexualität, Persönlichkeitsentwicklung, etc.

Und zu Hobby: Fotografie, Spiele, Apps, PCs, Konsolen, Musik, DJing/auflegen lernen, Haustiere, Hundeerziehung, Katzen,

Angeln, Koizucht, Basteln, Heimwerk, Modellbau, Golf, Festivals, Nähen/Stricken, Sprachen lernen, etc.

Du solltest dir nun eine oder mehrere Nischen heraus suchen oder überlegen, zu denen du regelmäßig Inhalte (auf den sozialen Netzwerken, Webseiten & Email Marketing) veröffentlichst. Wenn ich dir hier noch einen richtig guten Tipp mit auf den Weg geben kann, dann nimm nicht die Nische Geldverdienen. Ganz einfach deshalb, weil die Nische viel mit Misstrauen zu kämpfen hat, die Konkurrenz groß ist und du es schwerer hast, hier Verkäufe zu erzielen. Am besten ist eine Nische mit Produkten, die nahezu jeder gebrauchen kann und auch bereit ist, dafür Geld auszugeben.

Schau dich auch einmal bei den verschiedenen Affiliate Netzwerken und auf ihren Marktplätzen um. Ein heißer Tipp von mir ist hier: Melde dich bei Digistore24 an (sowohl als Vendor als auch als Affiliate – man kann nie wissen, ob man nicht auch selber mal ein eigenes Produkt erstellen will)! Das ist deshalb ein heißer Tipp, da Digistore24 keinerlei Voraussetzungen, wie z.B. eine eigene Webseite haben will, um als Affiliate Produkte verkaufen zu können und weil die Produktvielfalt bei Digistore24 extrem hoch ist, genau wie die Provisionen. Gehe nun im Menü oben auf „Marktplatz". Dort kannst du die verschiedenen Kategorien für die einzelnen Nischen durchgehen. Hier werden dir nun alle Produkte einer (Sub-)Nische nach der Beliebtheit angezeigt. Wenn du nun eines dieser Produkte als Affiliate bewerben willst, gehst du rechts neben dem Produkt auf „jetzt promoten". Dir wird anschließend dein persönlicher Affiliate Link angezeigt, über den du bei erfolgreichem Verkauf Provision erhältst. Unterhalb des Produktes findest du dann noch wertvolle Angaben wie „Cart-Conversion" oder „Stornoquote". Du solltest dabei darauf achten, dass die Conversionrate relativ hoch ist und die Stornoquote relativ gering (<8 %, besser < 5 %).

Das bedeutet, je höher die Cartconversion ist, desto mehr Besucher, die das Bestellformular erreichen, kaufen und je geringer die Stornoquote ist, desto weniger wird von Kunden das Geld zurück verlangt (z.B. weil sie vom Produkt enttäuscht sind).

5.1.5 Das richtige Affiliate Produkt

Du wirst dich im Verlauf deiner Social Media Karriere sicherlich fragen, was denn nun das ideale oder „richtige" Affiliate Produkt ist! Ganz einfach: Das beste Produkt ist kein Affiliate Produkt, sondern dein eigenes! Das kann sowas wie ein eBook sein, eine eigener online/Video Kurs oder ein persönliches Coaching in den Bereichen, in denen du mehr Wissen hast, als der Durchschnitt und mit dem du anderen helfen kannst, ihre Probleme zu lösen und ihre Ziele zu erreichen.

Das richtige Affiliate Produkt kommt sowieso immer auch auf die Nische an. Nichtsdestotrotz möchte ich dir noch ein paar Affiliate Produkte nennen, die allgemein gut gehen. Zwar ist es hier so, dass die relativ beliebt sind, du also viel Konkurrenz hast, du dir durch das Bewerben dieser Produkte aber nur ein Stück vom Kuchen abschneidest. Trotzdem solltest du wissen, dass nun vielleicht alle, die dieses Buch hier lesen, neben den vielen, die diese Produkte eh schon bewerben, auf diese Schiene aufspringen. Dann gilt, wie bei allem: Je mehr es machen, desto weniger funktioniert es!

Also, hier dann ein paar Affiliate Produkte, die bis her bei allen relativ gut gehen und zwar kostenlose Produkte, wie

- **Apps** (siehe Sharepop – unter „Affiliate Netzwerke")

- **Bücher auf Digistore24**, die es zu den Nischen Erfolg, Mindset, Geldverdienen/anlegen & Business gibt und bei denen der Interessent nur die Versandkosten zu zahlen braucht (um solche Bücher zu finden, gib auf dem Marktplatz bei Digistore24 einfach mal das Wort „Buch" ein)und

- **Amazon's kostenlose Probemonate** für Amazon Prime, Amazon Music Unlimited, Audible, Hochzeitsliste, Kindle unlimited, etc. Dabei handelt es sich um jeweils einen Monat, in dem der Kunde die aufgelisteten Dienste von Amazon komplett kostenlos testen und nutzen kann. Da Amazon davon ausgeht, dass die meisten diesen kostenlosen Probemonat nicht kündigen, verlängert sich diese Mitgliedschaft automatisch in eine kostenpflichtige. Dem entgeht man nur, wenn man – am besten gleich nach Anmeldung – diese Probemonate wieder kündigt. Für jede Empfehlung dieser kostenlosen Probemonate bekommst du dabei von Amazon 3 – 5 €, was sich schon ordentlich lohnt. So kannst du als Influencer z.B. einen Beitrag darüber machen, wie du beim Sport bist, mit Kopfhörern auf und dazu schreibst, dass du deine Zeit beim Sport jetzt gleich doppelt nutzt: Einmal, indem du Sport machst und zum zweiten, indem du dir über den kostenlosen Audible Probemonat ein komplett kostenloses Hörbuch herunter geladen hast und du dir dieses ganz nebenbei beim Sport anhörst. Natürlich empfiehlst du deinen Followern dann das Hörbuch und schreibst noch dazu, dass, wenn sich die Leute über den Link in deinem Profil den kostenlosen Audible Probemonat holen, sie sich ein Hörbuch nach Wahl aussuchen und komplett kostenlos behalten können! Jede erfolgreiche Anmeldung über deinen Link bringt dir nun satte 3 € Provision, indem du den Leuten nur etwas Kostenloses gibst. Die Amazon Probemonate gehen sogar für nahezu jede Nische!

5.1.6 Die Grundlagen des Marketings und des Verkaufens

Um dir der Vollständigkeit halber auch die Grundlagen des erfolgreichen Verkaufens für eine optimale Monetarisierung deiner Social Media Kanäle beizubringen, hier, was du unbedingt beachten solltest:

Um erfolgreich zu verkaufen, musst du erstmal sehr viel in "Vorleistung" gehen. Das heißt: Du gibst erst mal jede Menge Inhalte komplett kostenlos heraus. Die Leute kaufen, wenn du ihre Probleme lösen kannst! Schaffst du es mit deinen Inhalten, die Probleme der Menschen (deiner potentiellen Kunden) zu lösen, schaffst du Vertrauen und Sicherheit - die beiden Grundvoraussetzungen, damit überhaupt erstmal jemand bei dir kaufen WILL!

Du gibst deinem Traffic also erstmal jede Menge kostenloses Material, womit du ihnen hilfst und ihre Probleme, egal welcher Art, löst, Bedürfnisse befriedigst oder Wünsche erfüllst. Du musst die Leute zu ihren Zielen führen! Damit gibst du ihnen einen riesigen Mehrwert, indem du erstmal in Vorleistung gehst. Das schafft auch Interesse auf mehr. Dein Traffic wird vorgewärmt (= ihr Interesse an dir, deinen Inhalten und deinen Produkten steigt) und neigen eher dazu, bei dir zu kaufen. Du schaffst Vertrauen.

Das Gesetz der Reziprozität besagt dabei, dass die Menschen geneigt sind, dir etwas zurück zu geben, wenn du ihnen erstmal viel gibst! Heißt, wenn du mit deinen Inhalten, also YouTube Videos, Blogbeiträgen, etc. viel in "Vorleistung" gegangen bist, sind deine Besucher eher geneigt, bei dir zu kaufen – eben weil sie dir etwas zurück geben wollen!

Dabei bietet das eigentliche Produkt einen noch größeren Mehrwert, als es deine kostenlosen Inhalte vorher bereits getan haben. Möchten deine Besucher also "schnellere Ergebnisse", "bessere Ergebnisse", "mehr Geld", als es deine kostenlosen Inhalte bringen oder ein ähnliches Problem gelöst haben, brauchen sie dein Produkt (dabei geht es noch nicht einmal um eigene Produkte, sondern, was natürlich auch jedes Affiliate Produkt sein kann).

Genau deswegen funktionieren Rezensionen zu deinen (Affiliate) Produkten, die du entweder als Beiträge auf deinen Blogs oder noch besser als Videos auf einem YouTube Kanal gibst, so gut, um damit (Affiliate) Produkte zu verkaufen.

Wer also erfolgreich verkaufen will, muss bei seinem Traffic Vertrauen und Sicherheit schaffen. Wenn du deinem Traffic, den du auf deine (Affiliate) Produkte lenkst, also Vertrauen und Sicherheit gibst, wärmst du deinen Traffic auf. Dazu solltest du wissen, dass es also warmen & kalten Traffic gibt.

Worin unterscheiden sich die beiden Arten von Traffic?
Ganz einfach, in der Basis des Vertrauens und der Sicherheit, die sie in dich, deinen Inhalten und deinen Produkten haben.

Während der kalte Traffic (neue Besucher, eine völlig fremde Person, noch keinen Kontakt vorher) das erste Mal auf dich trifft, herrscht im wahrsten Sinne des Wortes "Eiszeit". Es verbindet euch kein Vertrauen, kein Bezug und vor allem kein Berührungspunkt. Zwei fremde Personen bzw. Unternehmen, die sich nicht kennen und erst zueinander finden müssen, kommen zum ersten Mal zusammen.

Im Gegensatz zum kalten Traffic bist du bereits mit dem warmen Traffic in Kontakt getreten. Ihr „kennt" euch. Der Traffic weiß über dich und dein Produkt schon bereits Bescheid bzw. ist eine Person, die gezielt bei dir nach Lösung eines seiner Probleme sucht. Das Vertrauen in dich, in deine Produkte oder Fähigkeiten sind bei dem warmen Traffic bereits gegeben. Er wird sich gerne auf ein neues Produkt oder eine Dienstleistung von dir einlassen. Der Verkauf kann leichter von der Hand gehen.

Sowohl der kalte als auch der warme Traffic bieten Vorteile.

Während beim warmen Traffic hauptsächlich das Vertrauen und die Sicherheit (in die Lösung eines Problems) eine Rolle spielt, ist der kalte Traffic dadurch gekennzeichnet, dass dieser so gut wie unbegrenzt zur Verfügung steht. Im Endeffekt ist es wichtig, beide Arten in dein Business einzubeziehen. So kannst du, wie bereits erwähnt, deinen kalten Traffic problemlos mit geeignetem Marketing anwärmen, sodass dieser kalte Traffic letzten Endes zu Kunden wird.

Dazu das Wichtigste, das du zum Thema Marketing wissen solltest:

Für erfolgreiches Marketing gibt es z.B. Schlüsselworte, die man für jeden Verkauf verwenden sollte. Dazu zählen die magischen Worte wie „gratis", „kostenlos" „jetzt", „neu", „nur" und so weiter. Weitere magische Worte sind „damit" & „um", also Begründungen und ähnliche Anhänge, die dem Call-to-Action folgen. Eine Zeile am Ende eines Beitrages von dir könnte z.B. lauten „Klicke jetzt auf den Link in meinem Profil, um dir kostenlos mein gratis eBook zu sichern!"

Du forderst die Leute also direkt dazu auf, irgendwas zu tun (=„Call-to-Action") und begründest, warum sie das tun sollen, denn wenn deine Besucher lesen „mach jetzt dies und das", dann fragen sie sich „Hä?!... Warum sollte ich das denn tun?" und lieferst ihnen die Begründung gleich mit auf den Weg. Damit ist dieser Punkt sofort ausgeblendet.

Weitere magische Begriffe sind Worte wie „Geheimnis", „neu" & „exklusiv". Ein Satz könnte beispielsweise aussehen, wie „schau dir hier exklusiv die geheimen Strategien an, damit du *mehr Geld im Internet verdienst, dauerhaft abnimmst,* etc."!

Dann „mögen" deine Interessenten Verknappungen, heißt begrenzte Angebote, limitierte Stückzahlen/Plätze (im Webinar) und zeitlich begrenzte Angebote. So kannst du z.B. Werbung für ein Verkaufswebinar machen, bei dem du sagst: „Jetzt schnell einen Platz sichern! Die Plätze sind begrenzt! Die ersten 100 Teilnehmer haben die Chancen auf einen unseren begehrten, kostenlosen Webinar Plätze/Coaching Angebot". Oder wenn du ein eigenes Produkt verkaufst, kannst du für einen kurzen Zeitraum von 24 Stunden bis drei Tage 50 % Rabatt oder Ähnliches geben, bevor die Interessenten dein Produkt wieder zum normalen Preis kaufen müssen.

Genau so kannst du mit Ziel-Zeit-Kombinationen und Zahlen arbeiten und sowas schreiben wie: „Wie wir es geschafft haben in 3 Monaten über 10.000 Follower aufzubauen. Lerne mit unseren exklusiven Strategien, wie auch du das kannst!"

Versuche in deiner „Werbung" immer die sog. „Benefits", also die Nutzen deines Produktes hervorzuheben oder in den Vordergrund zu stellen. Benutze auch die sog. „AIDA" Formel! AIDA steht dabei für „Attention" (Aufmerksamkeit), „Interest" (Interesse), „Desire" (Wunsch) und Action (Handlung). Die AIDA Formel ist ideal, um kalten Traffic anzuwärmen und einen Verkauf deiner Produkte wahrscheinlicher zu machen! Lass uns die AIDA Formel hier Schritt für Schritt durchgehen.

Nehmen wir mal an, du möchtest mit einem Instagram Beitrag ein (Affiliate) Produkt bewerben, dass den Leuten zeigt, wie man mit Instagram Geld verdienen kann, um sich damit ein richtiges online Business aufbauen kann. Eine Formulierung könnte dabei lauten:

„Wir alle nutzen Instagram, doch nur wenige kennen die wahren Geheimnisse dahinter. Jeder möchte irgendwie möglichst viele Follower haben und wenn sie das erreicht haben, mit ihrer Bekanntheit Geld verdienen! Lerne, wie du bis zu 100 echte Follower pro Tag erreichen kannst und dir damit ein echtes online Business aufbaust! Gehe jetzt auf den Link in meinem Profil und schau dir das kostenlose Video an!"

Der Text baut sich hier folgender Maßen auf:

Attention (dein Beitrag fällt beim Scrollen auf und die Leute bleiben darauf kleben): Das Beitragsbild/-video + der Satz *„Wir alle nutzen Instagram...".*

Interest (macht neugierig auf mehr): *„... doch nur wenige kennen die wahren Geheimnisse dahinter."*

Desire (der Wunsch auf etwas wird groß): *„Jeder möchte irgendwie möglichst viele Follower haben und wenn sie das erreicht haben, mit ihrer Bekanntheit Geld verdienen! Lerne, wie du bis zu 100 echte Follower pro Tag erreichen kannst und dir damit ein echtes online Business aufbaust!"*

Action (Die Aufforderung zur Handlung): *„Gehe jetzt auf den Link in meinem Profil und schau dir das kostenlose Video an!"*

Merk dir aber auch: Die beste „Werbung" für deine (Affiliate) Produkte ist immer noch die Werbung, die nicht nach Werbung aussieht! Wenn du „Werbung" so natürlich aussehen lässt, wie nur möglich, sodass es im besten Fall erst gar nicht nach Werbung aussieht, wird deine Conversion durch die Decke gehen! Das Bewerben für kommerzielle Produkte, die deine Follower, Abonnenten, dein Traffic kaufen müssen „nimmt ihnen Wert", wenn es zu aufdringlich ist! Werbung ist fast immer

„lästig". Schaffst du es – in den sozialen Netzwerken - die Bewerbung deiner (Affiliate) Produkte mit deinen Beiträgen so „natürlich" wie möglich aussehen zu lassen, sodass es im besten Fall so gut wie gar nicht nach Werbung aussieht, was du bestenfalls mit einem riesigen Mehrwert erreichst, den du im Zuge der Werbung deinem Traffic gibst, fühlt sich keiner deiner treuen Anhänger von deiner Werbung belästigt! Sorge dafür, dass sich deine werten Follower und Abonnenten nicht von deiner „Werbung" genervt fühlen und sie nicht stört. Je größer der Mehrwert ist und je mehr der Nutzen des Produktes ist, das du bewirbst, desto leichter wird dir das fallen!

5.1.7 Email-Marketing

Egal, ob du einen Blog oder Webseite parallel zu deinen Social Media Kanälen betreibst, lohnt es sich, besonders für Instagram, die Email Adressen deiner Follower zu sammeln, um ihnen darüber (Affiliate) Produkte zu verkaufen. Die gängige Praxis sieht dabei so aus, dass man ein kostenloses Geschenk (der sog. „Leadmagnet" – ein Lead ist ein Kontakt im Marketing) vergibt und man dafür im Gegenzug die Email Adresse des Interessenten bekommt. Solche kostenlosen Geschenke sind meist eBooks, die ein Hauptproblem deiner Besucher lösen. Hast du z.B. eine Fitnessseite, kannst du ein kostenloses eBook rausgeben „Die 10 besten Rezepte, um 4 Kilo in einem Monat abzunehmen". Jeder, der dieses eBook, dann von dir haben möchte, muss sich in deinem Email Newsletter eintragen, in dem du regelmäßig weitere Inhalte, weitere kostenlose Problemlösungen gibst und diese mit Affiliate Links versiehst. Dabei gibt es die „7 Kontakte Regel". Die besagt, dass im Durchschnitt dein Traffic erst nach 7 Kontakten bei dir kauft. Das heißt für dein Email Marketing: Nachdem du mit einem kostenlosen Geschenk, dem Leadmagneten, die Emailadressen deiner Follower gesammelt hast, schreibst du im Idealfall für die Bewerbung eines Produktes erst noch mehrere Mails, in denen du häppchenweise kleine kostenlose Informationen heraus gibst und damit ein Produkt bewirbst. So kannst du im Bespiel Fitness in weiteren Emails, z.B. einen online Yoga Kurs über deinen Email Newsletter verkaufen oder ein „In 10 Wochen 10 Kilo Abnehm-Kurs", je nachdem, welche Affiliate Produkte du zu dieser Nische findest. Du kannst, um weitere Emails gemäß der 7 Kontakte Regel zu erstellen, Referenzen anderer Teilnehmer zu dem Kurs rausgeben, welche Erfolge sie damit gemacht haben, wie der Kurs aufgebaut ist, was die Nutzen des Kurses sind, die ein oder andere Methode davon heraus geben oder oder oder. Lass dir da was einfallen, wie du mehrere (automatische) Email Nachrichten aufsetzen kannst!

Da ich dir mit diesem Buch besonders zeigen möchte, wie du mit Null Euro Starkapital anfangen kannst, um dir ein online Business aufzubauen, empfehle ich dir hier ein 100 % kostenloses Konto bei Mailchimp (https://mailchimp.com/) für dein Email Marketing einzurichten. Dort kannst du bis zu 2000 Kontakte sammeln und bis zu 12.000 Mails pro Monat in der kostenlosen Variante verschicken. Damit kommst du schon mal sehr weit! Du kannst natürlich auch die Profi Software und die beliebteste Email Marketing Lösung auf dem Markt „Klick-Tipp" nutzen. Das kostet dich im günstigsten Fall allerdings über 20 € im Monat. Was ich dir noch empfehlen kann, ist Builderall, da du damit nicht nur professionelle Webseiten, Blogs, Online Shops, Funnel, Apps, etc. bauen kannst, sondern auch noch ein Email Marketing Programm, ein Facebook Bot, eine Webinar Software und ein Programm zum Erstellen von Videos, Mockups etc. alles inklusive hast. Wenn du dein Social Media Business aufbauen willst, ist die All-In-One Marketing Lösung Builderall perfekt dafür!

Aber zurück zur kostenlosen Variante mit Mailchimp! Dort hast du nun die beiden Möglichkeiten, entweder ein

Anmeldeformular für deinen Newsletter (= „Signup form") als html Code zu erstellen, den du auf eine beliebige Seite oder Beitrages deines Blogs/deiner Webseite integrieren kannst oder eine „Landing Page" erstellen, dessen Link du einfach als Menüeintrag oder in den Artikeln selbst einbaust. Da der Weg über den html code aber bei einem kostenlosen Blog auf wordpress.com nicht funktioniert, musst du, wenn du wordpress.com nutz, den zweiten Weg über eine bei Mailchimp erstellte Landing Page gehen. Bei Blogger von Google gehen beide Varianten. Beide Varianten sind auch gar nicht mal so schwer und benötigen keinerlei Programmierkenntnisse. Du solltest nur ein wenig Englisch können, da Mailchimp nicht auf deutsch verfügbar ist. Um solch eine Landingpage zu erstellen, gehst du in Mailchimp, nachdem du dich angemeldet bzw. eingeloggt hast, auf „create campaign", dessen Link dir sowohl auf der Startseite nach Login oder im Menü oben links unter „campaigns" angezeigt wird (siehe Bilder). Schau dir auch ein Lernvideo dazu im Bonusteil zu diesem Buch an, damit dir auch das einfach dargestellt wird.

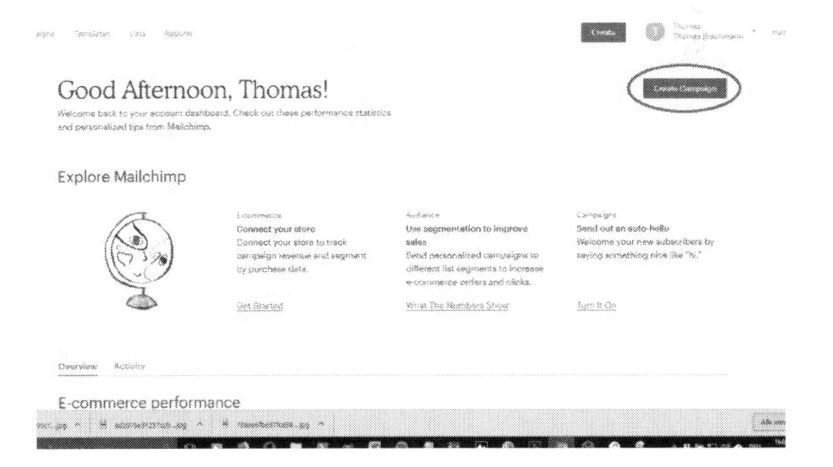

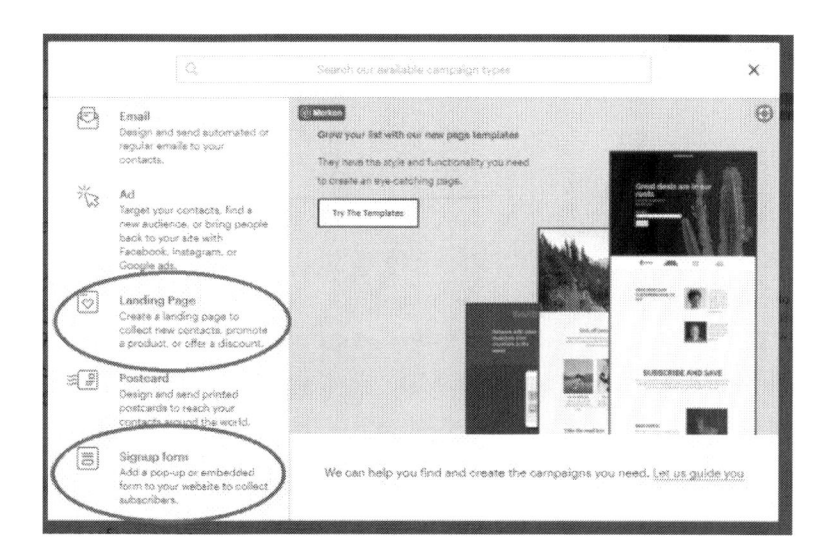

Auch auf den Landingpages brauchst du zwingend Links zu deinem Impressum und deiner Datenschutzerklärung, um nicht teuer abgemahnt werden zu können. Erstelle dir einfach einen Button mit dem Text „Impressum" und einen mit dem Text „Datenschutz", hinter denen die Links zu den entsprechenden Seiten deiner Webseite hinterlegt sind! Auch dafür habe ich Vorlagen für dich im Bonusteil zu diesem Buch. Da ich aber keine Rechtsberatung geben darf und Impressum sowie Datenschutzerklärung an deine Inhalte individuell angepasst werden müssen, sollest dir z.B. über eRecht24 https://www.e-recht24.de/ entsprechende Texte erstellen lassen.

Diese Landing Page solltest du dann idealer Weise mit einem Logo versehen, damit die Leute dich wiedererkennen, die „Benefits", also die Nutzen, die deine Besucher haben, wenn sie sich dort eintragen und dem Feld zum Eintragen ihrer Email Adresse hinzufügen. Du kannst dort auch weitere Felder, wie z.B. zum Eintragen des Namen deiner Abonnenten hinzufügen, würde ich dir aber nicht empfehlen, da diese Eintragung weder für dich noch für deine Abonnenten wichtig ist und die Leute eher dazu geneigt sind, sich in deine Email Liste einzutragen, je weniger Daten sie angeben müssen.

Dann solltest du als Nächstes eine „Signup thank you page" einrichten, die dem Besucher auch mitteilt, dass dieser nun in sein Email Postfach schauen soll, um die Eintragung in deine Liste zu bestätigen. Dazu musst du in Mailchimp nach Anmeldung im oberen Menü auf „Lists" gehen, dann auf deine Liste, für die du das Formualr erstellen willst, dort auf „signup forms". Dann wählst du „From Builder" aus und unter „Forms and response mails" „signup thank you page" aus. Nun kannst du mit Klick auf die einzelnen Felder diese bearbeiten und z.B. Folgendes hinzufügen

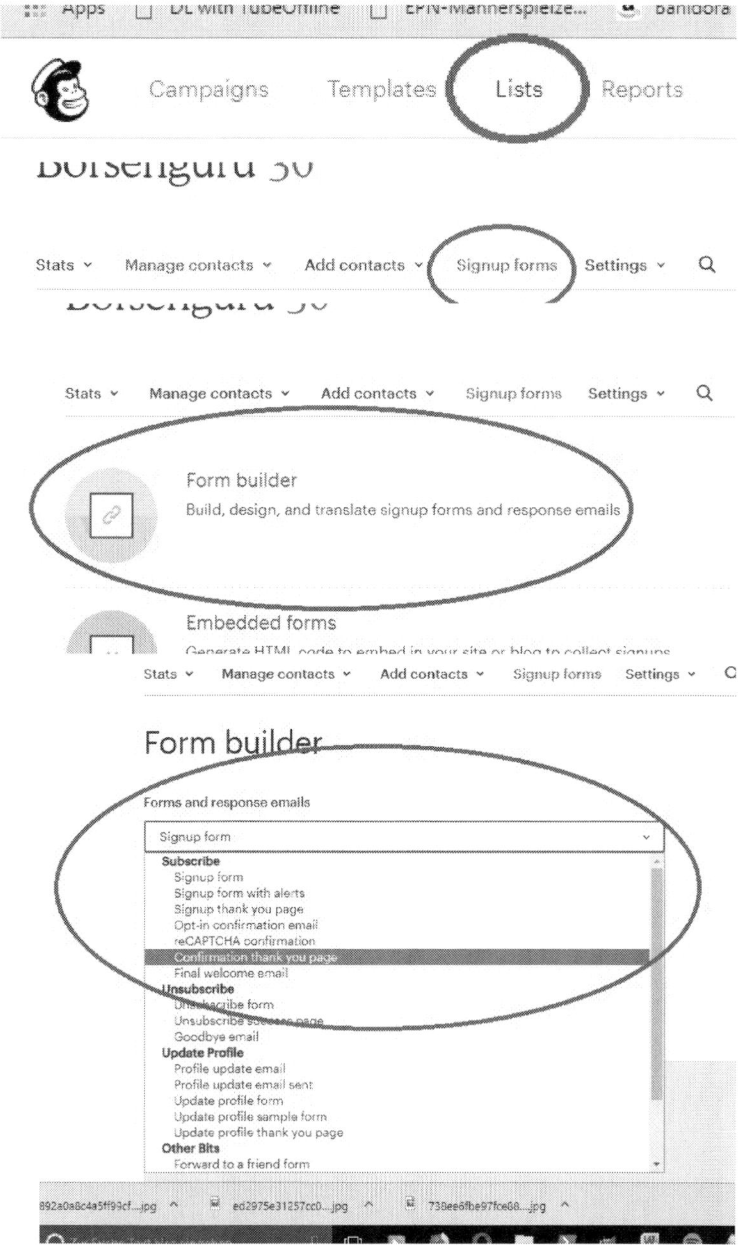
Campaigns
Templates
Lists
Reports
Stats
Manage contacts
Add contacts
Signup forms
Settings
Form builder
Build, design, and translate signup forms and response emails
Embedded forms
Form builder
Forms and response emails
Signup form
Subscribe
Signup form
Signup form with alerts
Signup thank you page
Opt-in confirmation email
reCAPTCHA confirmation
Confirmation thank you page
Final welcome email
Unsubscribe
Goodbye email
Update Profile
Profile update email
Profile update email sent
Update profile form
Update profile sample form
Update profile thank you page
Other Bits
Forward to a friend form

Überschrift: *„Fast fertig!..."*

und den **Text:**

„Wir müssen Ihre E-Mail Adresse noch bestätigen.

Um die Anmeldung abzuschließen, klicken Sie bitte auf den Link in der E-Mail, die wir Ihnen gerade gesendet haben."

Eine Anleitung dafür findest du auch in den Lernvideos im Bonusteil dieses Buches!

Damit deine Newsletter Abonnenten aber auch bekommen, wofür sie sich eingetragen haben, musst du als nächstes unter „create campagin" „Email" auswählen und dann im oberen Menü von „Regular" zu „Automated" wechseln. Hier kannst du z.B. ganz einfach „Welcome new subscribers" auswählen und du wirst in den nächsten Schritten dazu geführt, eine Willkommens-Mail zu erstellen, die erscheint, direkt, nachdem sich ein Besucher in deine Liste eingetragen hat. In dieser Mail, die ich gestalterisch nur als einfachen Text nutzen würde, ohne viel Aufwand in das Design zu stecken, hinterlässt du dann eine nette Willkommensnachricht und die Links, die den Besucher zum Ziel, also z.B. zu den kostenlosen eBooks führt, die du als Geschenk für die Eintragung in deine Liste versprochen hast. Um einen neuen Automatismus aufzusetzen, gehst du einfach auf „Create Campaign" dann „Automated" und gehst anschließend alle Schritte durch, durch die dich Mailchimp leitet. So kannst du eine Email Serie aufsetzen, mit der du deine Affiliate Links verbreitest. Wenn du an irgendeiner Stelle nicht weiter kommst, sieh in den Bonusteil und stell deine Frage entweder mir persönlich oder in meine Support Gruppe auf Facebook. Dort findest du auch alle Lernvideos!

5.1.8 Messenger Marketing

Die modernere Variante des Email Marketings, die auch mit diversen Vorteilen, wie einer höheren Öffnungsrate glänzt, ist anstatt (oder besser: zusätzlich) zum Email Marketing einen Chatbot für den Facebook Messenger zu verwenden. Auch hier gibt es kostenlose Software, wie Manychat (http://manychat.com). Dort kannst du ähnlich, wie mit Email Leads, einen Messenger Lead über eine Landing Page sammeln. Manychat ist kostenlose für bis zu 500 Kontakte verwendbar. Wer mehr braucht, zahlt aber auch nur ca. 10 € pro Monat und ist damit nicht nur effektiver als Email Marketing, sondern auch gleich noch günstiger. Aber auch hier kommst du mit 500 Leads schon sehr weit, womit du deine ersten Einnahmen generieren kannst, sodass darüber hinaus 10 € pro Monat locker drin sind!

Wenn du Manychat verwenden willst, brauchst du zwingend eine eigene Facebook Seite. Damit ist nicht dein privates Profil gemeint, sondern eine „Like Page", „Fan Page" oder wie du es nennen willst, über die der Chatbot die Nachrichten versendet. Um hier eine passende Landing Page für das „opt in", also die Eintragung in deine Kontaktliste, zu erstellen, gehst du in Manychat im Menü auf „growth tools", dann auf „new growth tool" und wählst dort „Landing Page" aus. Da Manychat hier schon etwas unübersichtlicher als z.B. Mailchimp ist, findest du Lernvideos zum Einrichten deines Chatbots ebenfalls in den Boni zu diesem Buch! Auf der Landing Page gibst du dann wieder die Nutzen an, die deine Besucher haben, wenn sie sich bei dir eintragen, lädst dort am besten noch ein Bild von deinem Leadmagneten, also dem kostenlosen Geschenk, hoch, das die Besucher bekommen, wenn sie sich in deine Liste eintragen und schreibst sowas rein wie „Sicher dir jetzt kostenlos meine exklusiven Tipps zum Abnehmen/Geld verdienen/Geld sparen/Hundetraining etc. alles bequem per Facebook Messenger zugeschickt!" Dann baust du einen Button ein auf dem steht „JETZT KOSTENLOS SICHERN!" mit dem Untertitel „Öffnet sich im Facebook Messenger". Wenn du das hast, ist ganz wichtig, dass du dann als nächste Nachricht im Messenger noch auf alle rechtlichen Notwendigkeiten hinweist. Heißt, füge in den nächsten Nachrichten Knöpfe ein, einer, auf dem „Impressum" steht und einer, auf dem „Datenschutz" steht. Hinter diesen Buttons hinterlegst du dann die Links zum Impressum und zur Datenschutzerklärung deiner Webseite. Dann würde ich noch dieser Nachricht zu den rechtlichen Hinweisen noch den Satz schreiben: „Möchtest du keine Nachrichten mehr von mir erhalten, schreibe einfach ‚stop'!" So kann sich jeder aus deiner Liste austragen, dem das alles zu viel ist! Um aber flexibler Leads (=Kontakte) für den Messenger zu sammeln, solltest du das „Growth Tool" „Messenger Ref URL" auswählen. Damit erstellst du dir einen Link, den du nur noch in deine Blogartikel, Instagram Seite oder Videobeschreibung einzubauen brauchst und so jeder Klick auf diesen Link direkt in den Chatbot führt.

5.2 Und so geht's – Die Praxis des Geldverdienens

Da du nun also weißt, was die Grundlagen des online Geldverdienens sind, was Traffic ist, welche Arten es davon gibt, wie du richtig Marketing betreibst und wie du richtig verkaufst, musst du nun nur noch das gesamte Wissen aus diesem Buch anwenden, Traffic auf deine Inhalte lenken, deinen Besuchern einen echten Mehrwert geben, kostenlose Problemlösungen geben und du wirst sehen, dass deine Besucher kaufen werden! Das perfekte Spiel! Dein Weg zur erfolgreichen Monetarisierung. **Die nachfolgenden Wege gehen sowohl für dich als Person, Unternehmen, Themen- oder Nischenseite!**

5.3 Geld verdienen mit Instagram

Dazu solltest du wissen: Niemand ist auf Instagram unterwegs, um zu kaufen! Dein Traffic dort ist also relativ kalt. Du hast zwar eine bestimmte Zielgruppe, die du mit deinen Seiten ansprichst, also schon Interesse für ein bestimmtes Thema vorhanden ist, da aber trotzdem niemand deiner Seite folgt, weil sie bei dir etwas kaufen wollen, musst du deinen Traffic noch weiter anwärmen, um das maximal Mögliche heraus zu holen! Deswegen arbeiten wir (besonders bei Nischenseiten) mit Funnels (Sales Funnels = Verkaufstrichter), mit denen wir erste Interessenten soweit anwärmen, dass sie kaufen. Das geht am besten mit Email Marketing, dass du gerade als Unternehmen/Unternehmer nutzen solltest. Das Ganze kann man sich bildlich wie einen Trichter vorstellen, in dem oben der Kalte Traffic, der nahezu unbegrenzt ist, herein kommt und mit unseren Marketing Strategien (Anwenden der AIDA Formel, viel kostenlose Problemlösungen geben, in Vorleistung gehen, Sicherheit und Vertrauen aufbauen, Verknappung einbauen, Magic Words verwenden und Call-to-Action nutzen) so weit aufwärmen, dass unten kaufwillige Kunden heraus kommen

5.3.1 Geld verdienen als Influencer: 1) Shoutouts

Der Einfachste Weg, mit Instagram Geld zu verdienen, ist dabei direkt über deine große Reichweite. Die kannst du nun im einfachsten Fall nämlich nutzen, um Shoutouts zu verkaufen. Ein Shoutout ist ein „Ausruf" für eine andere Instagram Seite. D.h., mit einem Shoutout wirbst du direkt für eine andere Instagram Seite. Das Ganze sieht dann so aus, dass du einen Beitrag und/oder eine Story machst, in der die andere Seite verlinkt ist mit einer Aufforderung zur Handlung an deine Follower (Call-to-Action), dieser Seite zu folgen.

Sowie du mit deiner Seite an Reichweite gewinnst, werden ganz automatisch anfangen, Leute auf dich zuzukommen, die dir Geld z.B. für Shoutouts anbieten wollen. Im einfachsten Fall kannst du aber auch einfach nur einen Satz in deinem Profil schreiben „DM für Shoutout!". Jeder andere, der dann deine Seite sieht, weiß nun „Ok, wenn ich einen Shoutout will, muss ich eine Nachricht schicken". Du lässt so also Interessenten, die auf deine Seite gestoßen sind, dich direkt anschreiben, um ein Shoutout von dir zu bekommen. Dann musst du nur noch mit den Interessenten einen Preis ausmachen, den Inhalt für das Shoutout absprechen, deinen Paypal Link zum Bezahlen schicken und als nächstes machst du für 24 h entweder einen Beitrag und/oder eine Story mit den vereinbarten Inhalten und rufst damit zum Folgen der anderen Seite auf.

Ein weiterer Weg ist, dass du dich bei Plattformen wie

- http://www.buysellshoutouts.com/
- http://shoutcart.com/
- Fiverr → http://fiverr.com
- vielleicht auch Ebay Kleinanzeigen (habe ich noch nicht getestet, müsste man probieren)

anmeldest und so deine Dienstleistung zum Verkauf eines Shoutouts für eine breitere Masse sichtbar anbietest. Den Fokus würde ich hierbei auf Fiverr setzen, da die anderen beiden Plattformen relativ viele Follower (+50k) voraussetzen, um Shoutouts verkaufen zu können. Melde dich also bei fiverr.com an, setze ein Angebot rein, Shoutouts zu verkaufen, Erstelle dir bei www.canva.com eine gutes Bild für deine Anzeige, gib an, welche Seiten und wieviele Follower du hast und schon kann das Spiel losgehen! Gib einfach mal bei Fiverr Shoutout ein und schau, wie das andere machen, dann kannst du dich daran orientieren und deine Shoutouts als Story und Beitrag für 5 $ verkaufen.

Ein weiterer Weg wäre, dass du dir eine (mobil optimierte) Webseite erstellst, auf der du Shoutouts deiner Seite zum Kauf anbietest. Eine Übersicht über drei kostenlose Webshop Anbieter findest du unter folgendem Link: http://bit.ly/2SrsTps *(Hinweis: Du findest alles Links praktisch zum Aufrufen über einen QR-Code auch im Bonusteil dieses Buches)*

Außerdem könntest du über deinen Blog zu deinen Social Media Kanälen eine extra Seite, die im Hauptmenü deines Blogs verlinkt ist, deine Shoutouts zum Verkauf anbieten.

Solltest du die letzten beiden Wege nutzen, mach es deinen Kunden so einfach wie möglich, ein Shoutout von dir zu buchen. Heißt, gib deine Kontaktdaten (Email, Facebook/Messenger, Whatsapp, Paypal) heraus, sage, was du brauchst (fertige Bilder/Videos, Texte für die Bildunterschrift, welche Hashtags und welchen Standort, Call-to-Action etc. du verwenden sollst) und setze die Wünsche deiner Kunden entsprechen um.

5.3.2 Geld verdienen als Influencer (jede Nische): 2) Produktplatzierungen

Hast du dir nun ein schon ziemlich großes Profil (jeder möglichen Nische!) aufgebaut, dann wird es nicht lange dauern, bis auch Leute, bzw. Unternehmen auf dich zukommen und dir Geld für Produktplatzierungen oder anderweitigen Promotionen ihrer Produkte anbieten. Bis das aber so weit ist, kannst du auch als „Micro-Influencer" bereits ab 1000 Follower Geld auf solch eine Weise verdienen.

Als nächstes kannst du dazu eine Methode anwenden, die ähnlich dem Affiliate Marketing ist. Melde dich dazu bei den untenstehenden Plattformen als Influencer an:

- Reachhero https://www.reachhero.de/
- Gosnap http://gosnap.co/influencers/

- Advowire https://advowire.com/
- TRIBE https://www.tribegroup.co/influencers
- Instabrand https://openinfluence.com/

Auch hier würde ich wieder den Fokus auf Reachhero setzen, da deutsch, am größten und beliebtesten. Dort musst du deine Instagram Seite / YouTube Kanal verknüpfen und bestätigen. Danach kannst du dir im Menü links unter „Kampagnen" aussuchen, ob du über Produktplatzierungen in deinen Beiträgen über Platzierungen und Klicks auf den Link in deiner Bio oder über Giveaways Geld verdienst. Wenn du eine der drei Möglichkeiten unter „Kampagnen" auswählst, werden dir auch gleich die verschiedenen Produkte und Anbieter angezeigt, die du bewerben kannst. Klicke auf diejenigen, die dir gefallen, schau dir die Bedingungen an, was du dafür machen musst und starte deine Werbekampagne. Nun musst du nur noch mit deinen Instagram Beiträgen die entsprechenden Kampagnen bewerben und die Besucher zum Klick auf den Link in deinem Profil und zum Kauf animieren. Setze dazu dein gelerntes Wissen zum Thema Marketing und Verkauf aus diesem Buch ein. Zeig die Nutzen deines Produktes und denk daran: Je weniger deine Werbung nach Werbung aussieht, desto wirkungsvoller ist sie! Wichtig ist nur, dass du bei Beiträgen, für die du Geld erhältst gut sichtbar die Worte „Werbung", „Anzeige", „Promotion" oder „Produktplatzierung" (auch als Hashtags möglich) in die Bildbeschreibung/Story packst, damit du rechtlich auf der sicheren Seite stehst und nicht wegen Schleichwerbung abgemahnt werden kannst.

5.3.3 Geld verdienen mit Network Marketing
Network Marketing ist so beliebt wie umstritten zu gleich. Es propagiert finanzielle Freiheit für alle, auf einfachstem Weg, ist

oft aber nicht mehr als ein einfaches Schneeballsystem. Der einzige Unterschied, der Network Marketing (oder auch MLM = MultiLevelMarketing) von einem illiegalen Schneballsystem unterscheidet, ist, dass eine oder mehrere Produkte im Vordergrund stehen. Bekannte Firmen, die Network Marketing betreiben, sind z.B. LR Health & Beauty, Herbalife, Bitclub oder Wealth Generators, auf die du vielleicht schon einmal gestoßen bist. Auch wenn man bei diesen Formen des MLM in Produkte investiert, geht es den meisten trotzdem um eine reine Partnergewinnung, die in das System einzahlen, was das Ganze schon wieder unseriös gestaltet. Network Marketing ist für mich dann vertretbar, wenn tatsächlich ein erstklassiges & sinnvolles Produkt im Vordergrund steht, dass man auch (für den gleichen Preis) benutzen würde, wenn es nicht über Network Marketing vertrieben werden würde. Das ist aber äußerst selten der Fall. Genau deshalb ist es für den Großteil aller MLMler schwierig, dauerhaft profitabel zu sein, ganz einfach darum, weil es den meisten nur darum geht, Partner zu finden, die in das System einzahlen. Im Endeffekt ist es aber dir überlassen, ob diese Form des Geldverdienens für dich vertretbar ist. Generell, wenn du im Network Marketing Erfolg haben willst, solltest du versuchen, mit jedem, der dir folgt, direkten Kontakt aufzunehmen. Fall nun nicht gleich mit der Tür ins Haus! Baue erst einmal einen netten, ungezwungenen Kontakt auf. Versuche auch Gemeinsamkeiten mit deinem Gegenüber zu finden und erwähne ganz beiläufig, ob dein Gegenüber Interesse an neue Projekte hat, die ihm egal, ob nebenbei oder Hauptberuflich die ein oder andere kleine Finanzspritze verleiht oder weitere finanzielle Optionen ermöglicht. Schicke ihm ganz unverbindlich deinen Empfehlungslink oder lade diese Person zu einem Teammeeting ein, um sich das alles mal live ansehen zu lassen. Arbeite auch hier wieder ganz bewusst mit Stories. Dort kannst du deinen Followern z.B. Fragen stellen, ob sie beruflich oder finanziell zufrieden sind. Dann kannst du auch in deinen Stories (sowie deinem Profil) schreiben, das dein Team gerade auf der Suche nach Verstärkung ist, dass es flexible Arbeitszeiten gibt und finanziell gut vergütet wird. Dann füge sowas hinzu, wie „Habe ich dein Interesse geweckt? DM me!" Was auch gut in Stories funktioniert, ist das Aufrufen zum „nach oben Wischen", dessen Call-to-Action man mit einer „Swipe up" Animation aus der GIF Sammlung Instagrams ergänzen und verstärken kann, wie z.B. „Wisch jetzt nach oben und schreib „Info", wenn du mehr erfahren willst". So bringst du die Leute damit dazu, über die mit der Story verknüpften Nachrichtenfunktion direkt mit dir Kontakt aufzunehmen.

Auch hier gilt wieder: Ein ausschweifender Lebensstil hat hier wie eine Vorbildfunktion und lockt natürlich alle neuen Interessenten und potentielle Partner nur umso mehr, in deinem Team mit einzusteigen.

Solltest du mehr Interesse an Network Marketing haben, kann ich dir das Buch „Network Marketing Imperium" von Sergej Heck empfehlen, in dem er erklärt, wie er es in nur 24 Monaten zu 220.000 Partnern geschafft hat, um sich so ein Millionen schweres Imperium aufzubauen. Darin erklärt er alles sehr detailreich angefangen, vom perfekten MLM System bis hin zum einfachen Gewinnen neuer Partner über die sozialen Netzwerke und zum Aufbau eines riesigen Teams. Den Link zu diesem Buch findest du auch noch mal im Mitgliederbereich im Bonusteil dieses Buches.

5.3.4 Geld verdienen mit Nischen-/Themenseiten

Hast du nun eine Nischenseite auf Instagram mit entsprechenden Affiliate Produkten dafür, ist ein Weg, diese zu bewerben, der direkte Aufruf über einen Beitrag/einer Story zum "Kauf" dieses Produktes. Da aber wie bereits erwähnt die Leute nicht zum Kaufen auf Instagram unterwegs sind, klappt das hauptsächlich nur mit kostenlosen Produkten bzw. solche, bei denen man nicht lange überlegt, diese zu kaufen. Solche „Impulsivkäufe" klappen daher eher bei kostenlosen Apps, die du über Sharepop (**siehe Abschnitt Affiliate Netzwerke**) promoten kannst, da deine Besucher zum Installieren dafür kein Geld zahlen müssen, kostenlose Bücher, die meist nur maximal 6,95 € für den Versand kosten oder T-Shirts, die du über Teezily und Spreadshirt auf deiner Instagram Seite verkaufen kannst.

So kannst du also im einfachsten Fall für deine Nischenseite (Comedy und Unterhaltungsseiten eigenen sich dafür ganz gut!) einen Beitrag anfertigen, der dich im Benutzen einer App, die es bei Sharepop gibt, zeigt, wozu du z.B. bei einem Spiel sowas schreiben könntest, wie „Hab gerade eine geile App für mich entdeckt. Bin schon nach 30 min auf Level 6. Lad sie dir kostenlose herunter und schau, ob du mich schlägst". Du findest bei Sharepop auch zu den einzelnen Apps, die du promoten möchtest Beispiele, wie solche Promotionen aussehen könnten. Dann könntest du Bildschirmaufnahmen machen und daraus Stories, auch die dich beim Benutzen der App zeigen, mit der Aufforderung „Wisch nach oben und sicher die jetzt die kostenlose App"!

Was auch bei Nischenseiten gut funktioniert, sind T-Shirt Verkäufe. Melde dich dazu kostenlos bei Spreadshirt und Teezily an (teste einfach mal, welche Seite dir eher liegt – beide haben ihre Vor- & Nachteile). Dort kannst du nun entweder selber T-Shirts designen, z.B. mit Sprüchen deiner Seite oder bereits vorhandene Designs auf den Marktplatz heraus suchen, die zu deiner Seite und deiner Zielgruppe passen würden und dann ein/zwei Mal pro Monat mit Beiträgen und Stories promoten. Um T-Shirts selbst zu designen kannst du auch die dir nun schon bekannten Plattformen http://canva.com und http://freepik.com auch mit dem kostenlosen Programm Gimp - https://www.gimp.org/ - erstellen. Der Vorteil, wenn du selbst T-Shirts designst, ist, dass du mehr Einnahmen als aus den bloßen Affiliate Links zu fremden Designs aus den Marktplätzen generierst. Da auch das T-Shirt Business allein wieder ein eigenständiges Coaching füllt, habe ich dir auch dazu, wenn du dich intensiver damit beschäftigen möchtest, zwei meiner Lieblingskurse im Bonusteil des Buches verlinkt!

Für digitale Produkte, online Kurse, Seminare, Coachings etc. Eignet sich Email bzw. Messenger Marketing. D.h., du sammelst erst über ein kostenloses Geschenk (= Leadmagnet), dass ein Hauptproblem deiner Besucher löst, Leads dieser Besucher über deine Landingpage. In diesen Leadmagneten kannst du dann schon deine Affiliate Links einsetzen. Hier gilt weniger ist mehr! Gib mit deinen Leadmagneten so viel kostenlose Informationen heraus, wie du kannst und setze ganz am Ende erst einen Affiliate Link ein. Dann schreibst du im weiteren Verlauf eine Email bzw. Messenger Serie und bereitest automatische Nachrichten vor, die einen Tag nach dem anderen bzw. alle drei Tage neue kostenlose Informationen heraus bringen. Bereite dazu eine Nachrichtenserie mit vielleicht 3 - 7 Nachrichten vor und verschickst erst ganz am Ende der Nachrichten einen Link, mit dem du dein (Affiliate) Produkt verkaufst. Der Grund dafür ist die 7-Kontakte-Regel im Marketing. Diese besagt nämlich, dass deine Leads im Durchschnitt erst nach sieben Kontakten kaufen. Je mehr kostenlose Inhalte du also mit deiner Email oder Messenger Serie raus gibst, desto eher kauft dein Traffic. Du wärmst damit deinen Traffic so weit auf, indem du für Vertrauen und Sicherheit in dich und deine Produkte sorgst, dass sie wahrscheinlicher zu Kunden werden.

Das gleiche Prinzip klappt auch mit deinem Blog. Du kannst Blogartikel erstellen, mit denen du deinen Besuchern einen großen Mehrwert gibst und viele kostenlose Informationen heraus gibst. Am Ende jedes Blogartikels baust du dann deine Affiliate Links ein (oder den Link für die Eintragung in deine Emailliste bzw. Messenger Bot). Diese Blogartikel verlinkst du dann in deinem Instagram Profil. Nun schickst du deine Besucher mit einem Instagram Beitrag und einem Call-to-Action auf den Link in deinem Profil, wenn sie mehr zu dem Thema aus dem Beitrag wissen wollen, wo sie auf deinen passenden Blogartikel dazu kommen. Du kannst außerdem in deinen Blogartikeln ebenfalls einen Link zu deiner Landing Page zum Eintragen in deinen Email bzw. Messenger Newsletter einbauen. So kannst du den Traffic an dich binden und deiner Aufrufe auf deine Blogartikel erhöhen, wenn du jedes Mal eine Mail an deine Newsletter Abonnenten schickst, wenn du einen neuen Blogartikel heraus gebracht hast. Eine riesige Kontaktliste ist deine Rente! Stell dir mal vor, du hast deine 2000 Kontakte in deinem Email Newsletter, die Öffnungsrate beträgt ca. 20 % (beim Facebook Messenger sogar ca. 90 %). Du schickst dann deine Kontakte auf einen Affiliate Link, der 10 % Conversion hat und du pro Verkauf 20 € Provision erhältst. Das macht allein dadurch 800 € für ein Affiliate Produkt nur für das Verschicken von einer Email Serie (= 400 Kontakte öffnen die Mail, von der 40 kaufen * 20 € Provision).

Trotzdem gilt: Je verkaufsstärker deine Affiliate Produkte sind, d.h., je größer die Conversionrate für ein Produkt ist bzw. je stärker du deine Follower mit einem Beitrag aufwärmen kannst, desto eher kannst du das Produkt direkt über den Link in deinem Profil oder über eine Story mit Link zum Hochwischen (ab 10k Follower) zum Verkauf anbieten. Arbeite dabei mit den Verkaufstechniken, die du in diesem Buch gelernt hast. Benutze die magischen Worte, verknappe dein Angebot, bringe den

Nutzen des Produktes in den Vordergrund und setze einen Call-to-Action.

Was du auch probieren kannst: Anstatt von Email oder Messenger Marketing kannst du auch eine Facebook Gruppe nutzen, wo du regelmäßig Beiträge, fast schon wie bei einem Blog bzw. auch zusätzlich zu deinem Blog, Beiträge veröffentlichst, mit denen du deinen Followern einen riesigen Mehrwert gibst. Jeden dritten bis fünften Beitrag versiehst du dann mit Affiliate Links oder setzt dort die Links zu deinen YouTube Videos rein. So kannst du dann auf deiner Instagram Seite den Nutzen deiner Facebook Gruppe in den Vordergrund stellen, dass du persönlichen Support und Hilfestellung zu einem bestimmten Thema gibst, um so den Followern noch mehr zu helfen.

Du fragst dich jetzt sicher: „Wo soll ich all die Informationen her bekommen, damit ich meinen Followern kostenlos einen Mehrwert geben kann?"

5.3.5 So bietest du deinem Traffic kostenlosen Mehrwert

Die Sache ist ganz einfach: Wenn du keine Nische abdeckst, in der du selber, von dir aus jede Menge kostenlose Informationen aus deinem eigenen Wissen heraus geben und Beiträge dazu in den sozialen Netzwerken veröffentlichen kannst, spätestens dann ist es ratsam, dass du dir selber die Affiliate Produkte holst, die du verkaufen möchtest. Das Wissen, das du nun dadurch erhältst, kannst du nutzen, um 90 % davon kostenlos, in Form von Blogbeiträgen und Leadmagneten heraus zu bringen und deine Besucher für die restlichen 10 % des Wissens diese Affiliate Produkte kaufen müssen. Wichtig ist nur: Kaufe **NIE** ein Affiliate Produkt über deinen eigene Affiliate Link! Das kann nämlich schnell zum kompletten Ausschluss aus dem Partnerprogramm führen! Lass lieber einen Bekannten über einen normalen Verkaufsweg ein Affiliate Produkt kaufen, das du selber haben möchtest. Gib ihm dafür das Geld und er gibt dir dafür die Zugangsdaten.

Ein anderer Weg, an Inhalte für Leadmagneten, Email-Serien, Blogbeiträge und co. zu kommen, sind entweder PLR eBooks oder fremde YouTube Videos. PLR steht dabei für „Public Label Rights". Das sind einfach nur rechte, die dir zusammen mit dem eBook verkauft werden, die dir eine Bearbeitung und Weiterverwendung dieser Werke erlaubt. Google einfach mal nach „PLR eBooks", so findest du jede Menge Inhalte, die du von anderen übernehmen und tatsächlich für dich und deine Funnel weitergeben kannst. Was auch funktioniert sind wie bereits erwähnt YouTube Videos von anderen, die du zu dem Thema findest. So kannst du einfach das Wissen daraus bequem einfach nur in geschriebenen Text umwandeln und fertig hast du deine Blogbeiträge, Leadmagneten oder ähnliches!

Abschließend zu diesem Abschnitt sei dir gesagt: Bring Abwechslung in deine „Werbung". Da du ja eh nicht jeden Beitrag mit Werbung für deine (Affiliate) Produkte versehen sollst, machst du ja schon mal zwei/drei Mal höchsten Werbung für irgendwelche Produkte pro Woche. Nun solltest du aber auch hier nicht unbedingt jedes Mal das selbe bewerben. Sammle dir eine riesige Liste an Produkten an, die du über deine Instagram Seiten verkaufen möchtest. Nun bewirbst du also entweder jede Woche etwas anderes oder mit jedem Beitrag. Mal mit direktem Link in deinem Profil zur Verkaufsseite, mal eine App, mal ein Buch, mal dies, mal das, mal zu einem Blogeintrag, mal zur Landingpage zum Eintragen in deine Emailliste/Messenger, mal zu einem deiner YouTube Videos. Je mehr Optionen du zur Monetarisierung nutzt, desto besser!

5.4 Geld verdienen mit YouTube

Seit Februar 2018 hat YouTube mindestens 1000 Abonnenten und mindestens 4000 Stunden Watchtime in den letzten 12 Monaten als Voraussetzung der YouTube Partnerschaft für die Monetarisierung durch Werbung eingeführt. Um das für dich als Neuling noch einfacher zu erreichen, habe ich meine Facebook Gruppe, exklusiv für Leser dieses Buches ins Leben gerufen, in der wir uns gegenseitig mit Abonnements, Videoaufrufen, Likes und Kommentaren unterstützen können, um diese Voraussetzungen möglichst schnell zu erreichen.

Damit du aber auch vorher schon Geld mit YouTube verdienen kannst, solltest du auch hier diese Menge an kostenlosen Traffic nutzen, um eigene oder Affiliate Produkte zu verkaufen. So kannst du, egal in welcher Nische du deinen Kanal betreibst, in der Videobeschreibung Affiliate Links zu Amazon (oder anderen Affiliate Netzwerken) reinstellen, mit denen du z.B. einen Gimbal für Smartphones anbietest, eine Kamera, ein Mikrofon, einen Laptop, ein Buch oder ähnliches deinen Zuschauern empfiehlst, das nützlich für sie sein könnte! So könntest du z.B. in die Videobeschreibung schreiben: „Mein Equipment, das ich für meine Videos nutze „Affiliate Link für die Kamera, *Affiliate Link Mikrofon, Stativ, Laptop, etc."*. Übertreib es hier nur nicht mit den Links. Mehr als fünf würde ich da schon als zu viel bezeichnen.

Auch hier gilt: Besorg dir selber die ein oder anderen Affiliate Produkte und mache Videos gezielt über die Produkte. Nutze dazu das Wissen aus den online Kursen, mach Testberichte zu den Produkten oder deine Erfahrungen damit.

Wichtig ist nur: Kaufe **NIE** ein Affiliate Produkt über deinen eigene Affiliate Link! Das kann nämlich schnell zum kompletten Ausschluss aus dem Partnerprogramm führen!

Auch bei YouTube kann ich dir empfehlen, neben dem Kanal einen Blog und Email/Messenger/Gruppen Marketing zu betreiben. So kannst du einen Blog erstellen, den du sogar mit deinem Kanal verknüpfen kannst, wo du weiterführende Informationen aus dem Video bereit stellst und diesen gezielt mit Affiliate Links monetarisierst. Durch das Verknüpfen einer Webseite mit deinem Kanal kannst du so sogar mit einer Infokarte einen Link zu dieser Webseite gut sichtbar in deinen Videos einbauen. In den Blog und in die Videobeschreibung kannst du dann zusätzlich noch einen Link zu deiner Landingpage für ein Email Eintragung (= opt-in), Messenger opt-in oder zu deiner Facebook Gruppe hinterlegen, sodass du deine Zuschauer weiter an dich bindest, sie jedes Mal informierst, wenn ein neues Video rausgekommen ist und du darüber weitere Monetarisierung betreiben kannst.

Hast du dann die Voraussetzungen für eine YouTube Partnerschaft erfüllt, kannst du jedes Video mittels Werbung monetarisieren. Ein Tipp hier ist, auch öfter mal Videos zu produzieren, die länger als 10 Minuten gehen, da du dann nach erfolgreichem Hochladen deines Videos nachträglich in der Bearbeitung unter dem Reiter „Monetarisierung" mehr als eine Werbeanzeige in deinem Video schalten kannst. So kannst du nicht nur wie normaler Weise nur am Anfang, vor jedem Video Werbung schalten, sondern noch am Ende und zu beliebigen Zeiten zwischendurch. So kannst du noch mehr als die durchschnittlichen 1 Euro pro 1000 Videoaufrufe generieren. Ganz wichtig ist nur: Klicke **NIEMALS SELBER** auf die Werbung, die auf deine eigenen Videos angezeigt wird! Das kann nämlich schnell zum Ausschluss aus dem Partnerprogramm führen!

5.5 Geld verdienen mit Facebook

5.5.1 Kostenloser Traffic

Wie bereits erwähnt, ist der große Trick bei Facebook, mehr mit Gruppen zu arbeiten. Dazu kann und sollte man eigene Gruppen zu einem bestimmten Thema nutzen, indem man Support und Hilfeleistungen, also auch hier wieder einen großen Nutzen und einen echten Mehrwert seinem Traffic bietet und fremde Gruppen, die oft und gerne mal als Spam-Gruppen bezeichnet werden – wenn man sich darin umsieht, weiß man wieso!

In seiner eigenen Gruppe gibt man nun praktisch nur kostenlose Informationen heraus, promotet seine YouTube Videos und gibt Hilfestellungen. Die eigentliche Monetarisierung sollte nur einen ganz geringen Bruchteil, aber dennoch Ziel dieser Gruppe sein! Auch hier sollte man mit Webseiten arbeiten. In der Facebook Gruppe gilt nämlich, wie für deine Gemeinschaft auf Instagram, dass niemand zum Kauf dort unterwegs ist! Deswegen eignet sich das direkte Bewerben deiner Affiliate Links nur für Impulsivkäufe. Darunter fallen vor allem sowas wie diese „free+shipping" Bücher, also kostenlose Bücher, die du bei Digistore24 zu den verschiedensten Themen bekommst und die Kunden nur maximal 6,95 € für den Versand aufbringen müssen. Je nachdem, wie gut du deinen Traffic aus deiner eigenen Gruppe (z.B. mit dem Verkaufs- & Marketingstrategien aus diesem Buch, deinen Vorleistungen und dem Mehrwert) vorwärmen kannst, kannst du auch höherpreisige Produkte direkt in deinen Beiträgen verlinken.

Besser ist aber, den Weg über YouTube Videos und/oder Blogartikel bzw. Webseiten zu gehen. So kannst du mit deinen YouTube Videos ein Hauptproblem deiner Zielgruppe lösen und wenn sie ein weiteres, verwandtes Problem, schnellere Ergebnisse, mehr Geld oder die berühmten, fehlenden 10 % des

Wissens aus dem Video haben wollen, brauchen sie deine (Affiliate) Produkte. Wie immer gilt: Biete deinem Traffic einen riesigen Mehrwert und gehe viel in Vorleistung, um die richtigen Rahmenbedingungen zu schaffen, damit die Leute deine Produkte kaufen wollen.

Der zweite Trick sind fremde Gruppen. Gib in der Suche von Facebook einfach mal ein Stichwort zu deiner Nische ein und lass dir entsprechende Gruppen dazu anzeigen, also z.B. „Geld verdienen" oder „online Geld verdienen". Bei dieser Nische wirst du jede Menge Gruppen finden, in denen „Werbung" ausdrücklich erlaubt ist. Bist du dort Mitglied wirst du auch schnell merken, warum diese Gruppen, gerne mal als „Spam-Gruppen" bezeichnet werden. Dort stellt einfach jeder seine Links zu irgendwelchen Affiliate Produkten rein oder möchte diese bewerben.

Um in dieser Nische zu bleiben: Was habe ich also gemacht, um diese Art des kostenlosen Traffics zu monetarisieren?

Das möchte ich dir nun an folgendem Beispiel zeigen: Ich habe ein relativ neues Produkt, einen online Kurs (den ich übrigens selber durch so eine „Spam-Gruppe" gefunden habe), mit dem du Geld verdienen kannst und das ohne Startkapital, verwendet. Praktischer Weise hat dieser Vendor (= also der Ersteller des Videokurses) eine „Affiliate Support Seite". Solche Seiten findest du auf dem Marktplatz von Digistore24 bei manchen Produkten unten rechts, neben den statistischen Angaben zu dem Produkt.

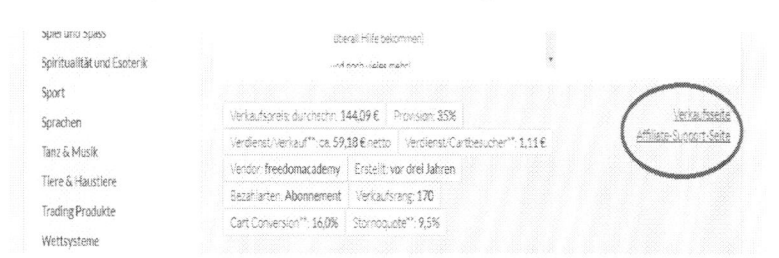

Da ich dieses Produkt nicht selber besessen habe, habe ich nun auf dieser Affiliate Support Seite Werbemittel gefunden, die genau zeigen, welche Einnahmen, damit möglich sind. Diese konnte ich perfekt für den „Werbetext" für solche Spam-Gruppen verwenden. Ich habe also nun folgenden Text, den ich übrigens auch nur von jemand anderem kopiert habe, der diesen Kurs beworben hat, und die unten stehenden Bilder für meinen Beitrag verwendet:

„Ohne Startkapital, Online Geld verdienen!

Vor 5 Stunden davon erfahren und schon Geld verdient.

Wenn du auch ohne Startkapital online Geld verdienen willst, kommentiere einfach mit Info! Dann zeige ich dir die Präsentation! :)

Liebe Grüße Thomas 🍀

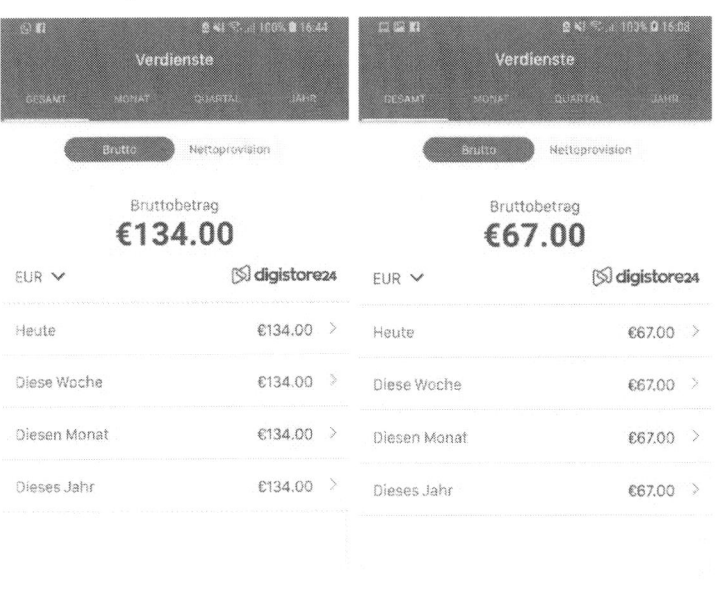

Das kann jeder!!! 👍"

In diesem Text findest du die komplette AIDA Formel, die du bereits kennst, wider.

A (Attention): Ohne Startkapital. Online Geld verdienen.

I (Interest): Vor 5 Stunden davon erfahren und schon Geld verdient.

D (Desire): Wenn du ohne Startkapital online Geld verdienen willst,

A (Action): kommentiere einfach mit Info ...

Und zu guter Letzt noch eine Begründung hinterher geschoben „Dann zeige ich dir die Präsentation". Doch wo versteckt sich hier mein Affiliate Link? Der Trick ist Folgender: In dem Text zu dem Beitrag steht, dass jeder, der Interesse hat, mit „Info" kommentieren soll. Es hat keine 5 Minuten gedauert, da kam auch schon der erste Kommentar rein. Schnell hatte ich so über 15 Kommentare. Nun habe ich jeden einzelnen per Privatnachricht angeschrieben und ihn damit noch weiter mit folgendem Text aufgewärmt:

„Hallo {Name}! Erstmal vorweg: Das Ganze ist natürlich keine Methode, die dir Reichtum auf Knopfdruck verspricht! Du musst natürlich Zeit und Aufwand investieren und die Anleitung genau verfolgen, wie es dir gezeigt wird! Deswegen muss ich dich vorher erstmal fragen, ob du auch bereit bist, ein bis zwei Stunden am Tag dafür zu opfern. Ohne das wird das nichts! Das Ganze ist ein solides Affiliate Business und sollte engagiert betrieben werden! Spricht dich das an?"

Viele haben nun einfach nur mit „ja" geantwortet, andere haben da schon mehr Begeisterung für diese Methode gezeigt. Dann ging es mit folgendem Text weiter:

"Super, dann bringst du genau die richtige Einstellung mit! Du kannst dir hier die kostenlose Präsentation ansehen! https://goo.gl/h1b2R6"

Mit dieser Methode habe ich nun an die 50 Interessenten bekommen. Durch den Trick mit den Nachrichten wurde der Traffic immer wärmer und hat dementsprechend gut konvertiert.

Natürlich kannst du es dir auch einfacher machen und den Link direkt in deinen Gruppenbeitrag packen. Das klappt aber nur, wenn dein Beitragstext und vor allem das Bild oder noch besser das Video dazu sehr stark sind, das Interesse deines Traffics weckt und ihn direkt aufwärmt. Ein paar schöne Beispiele (mit dem selben Kurs) habe ich dir hier zusammen gestellt:

"Da kann mir jeder sagen was er will, ich finde das extrem KRASS habe extra mal ein Datum eingeblendet das Bild ist ECHT von mir einfach ÜBER 1.000 mit dem System. (Jeder der das Bild klaut bekommt eine Abmahnung)

Habe von sowas immer geträumt und jetzt ist es einfach wahr OHNE tausende Euros in Coachings zu investieren

Hier der Link dazu: https://goo.gl/h1b2R6"

Mit einem Bild das 1000 € Einnahmen aus Digistore24 für diese Woche zeigte, wo oben die aktuelle Zeit und Datum vom Telefon eingeblendet waren.

Ein sehr starker Beitrag, der selbst mit Link sicher gut konvertiert hat – ganz einfach, weil er gut belegen konnte, welche Einnahmen er mit diesem Produkt gemacht hat.

Der Vorteil meiner Methode mit dem Kommentieren ist dagegen, dass jedes Mal, wenn jemand den Beitrag kommentiert, dieser in der Gruppe ganz oben angezeigt wird. D.h., mehr und mehr Leute bemerken diesen Beitrag und bekommen ihn zu Gesicht. Denn in einer Gruppe mit über 10.000 Mitgliedern geht ein Beitrag schnell unter. Deswegen solltest du auch hier die besten Zeiten zum Veröffentlichen von Beiträgen in sozialen Netzwerken beachten. Das ist idealer Weise nach 17 Uhr nach Feierabend, wenn die meisten Menschen online sind. Du kennst diese Zeiten aus dem Abschnitt „Instagram – Der Content" aus diesem Buch.

Dann gibt es noch Nachteile, die bei den beiden Methoden, entweder mit Link oder mit Aufforderung zum Kommentieren, auftreten, was mit der Häufigkeit der Beiträge zu tun hat. Um diese Art des kostenlosen Traffic so gut es geht auszunutzen, bietet es sich an, mehreren Gruppen der geleichen Nische beizutreten und seine Beiträge auf verschiedene Gruppen zu verteilen. Wenn du nun aber einen Beitrag nutzt, der direkt einen Link enthält, kannst bzw. solltest du nicht mehr als drei Gruppen gleichzeitig nutzen und einen Beitrag mit Link reinstellen, denn sonst giltst du für Facebook schnell als Spam, und es ist Facebook selbst, das erst deine Beiträge blockiert und bei Übertreibung gleich dein ganzes Konto. Wenn du stattdessen Beiträge ohne Link verwendest, kannst du theoretisch schon deutlich mehr 3 Gruppen gleichzeitig nutzen. Allerdings macht hier mehr als 5 auch keinen Sinn, da du dann mit dem Anschreiben der Leute, die dir einen Kommentar hinterlassen haben, nicht hinterher kommst. Selbst wenn du in zu kurzer Zeit zu viele Nachrichten an verschiedene Leute rausschickst, kannst du für Facebook als Spam gelten. Dann musst du zunächst jedes Mal einen Code eingeben, wenn du eine neue Nachricht versenden willst, aber wenn du danach genau so ungehemmt weiter machst, blockiert dich auch hier Facebook beim Nachrichten schreiben.

Dann gibt es noch eine Frage der Glaubwürdigkeit. Du kannst zwar theoretisch jeden Tag einen Beitrag in je drei bis fünf Gruppen veröffentlichen, dann wirkst du aber zu Needy, die Leute sehen sich satt und deine Conversion geht gegen Null. Deswegen nutze einen Tag pro Woche, an dem du in drei bis fünf Gruppen einen Beitrag reinstellst, am übernächsten Tag kannst du dann drei bis fünf andere Gruppen nutzen und so weiter. Spätestens, wenn du merkst, dass die Conversion deutlich geringer wird oder sich die Leute an dein Affiliate Produkt satt gesehen haben, nimm ein anderes Affiliate Produkt, das du mit alternativen Beiträgen bewirbst.

So weit zur Nische Geld verdienen. Möchtest du eine andere Nische nutzen, am besten eine, in der du dich auch wirklich auskennst, sind die Gruppen nicht so sehr zugespamt. Hier heißt es: Helfen, austauschen und Mehrwert liefern! Interagiere mit Beiträgen von anderen! Hilf ihnen bei bestimmten Problemen weiter und leiste sowas wie Support. Damit schaffst du es, erstens, dass Leute direkt auf dich zukommen, per Nachricht oder Freundschaftsanfrage oder du mit ihnen per Privatnachricht in direkten Kontakt treten kannst und du der erste bist, der anderen Gruppenmitgliedern die Freundschaftsanfrage stellt. Hier per Privatnachricht, aber auch nur hier, wenn ihr in ein Gespräch gekommen seid, kannst du deinem neuen Kontakt eine Empfehlung zu deinem Affiliate Produkt aussprechen. Sag sowas, wie „Was dir übrigens noch mal deutlich weiter helfen wird, ist dieser Kurs/Produkt/Coaching, etc., Ich konnte sehr viel daraus mitnehmen und habe mein komplettes Wissen direkt daraus! ☺". Dadurch, dass du viel Hilfestellung und quasi Support geleistet hat, hast du deine Kontakte mehr und mehr aufgewärmt und das ermöglicht dir die Conversion. So schaffst du Vertrauen. Der Vorteil, wenn du andere Gruppenmitglieder als Freunde hinzufügst, nachdem du diesen des Öfteren geholfen hast, kannst du auch Beiträge aus deinen Blog, deine YouTube Videos mit Affiliate Links oder seltener auch direkt deine Affiliate Links als Beiträge in deine eigen Chronik veröffentlichen. So können diese von mehr und mehr Leuten gesehen werden, wo statistisch gesehen auch der ein oder andere Kunde wird.

Nochmal verdeutlicht: Nehmen wir mal ein typisches Beispiel aus dem Affiliate Marketing, dem Hundetraining. So kannst du zu diesem Thema Facebook Gruppen suchen. Wenn du diese Nische beispielsweise abdeckst, kannst du Mitglied mehrerer Gruppen zum Thema Hundetraining werden. Dort hilfst du nun regelmäßig anderen Mitgliedern der Gruppe bei ihren Problemen. Schreibe auch andere Mitglieder Privatnachrichten, um so mit ihnen in engeren Kontakt zu treten. Füge bei häufigerem Kontakt die Leute als Freund hinzu und empfehle ganz beiläufig deine Affiliate Produkte.

Facebook Gruppen gibt es tatsächlich zu jedem Thema und jeder Nische. Wenn nicht, mach dir deine eigene auf und hole Leute von Instagram, YouTube oder direkt von Facebook rein. Gib in der Gruppenbeschreibung unter den Einstellungen ein paar Tags an, also Schlüsselwörter, zu denen du gefunden werden willst. So kannst du praktisch jede Nische, die du nutzen willst, für dich durch kostenlosen Traffic profitabel machen.

5.4.2 Traffic auf Autopilot

Um deine Conversion zu erhöhen, kannst du für die bereits genannten Spam-Gruppen das Ganze Spiel auch automatisieren. Es gibt nämlich, ähnlich wie für Instagram, auch für Facebook Bots, die automatisch, z.B. direkt in solchen Gruppen Beiträge, die du dem Programm vorgegeben hast, veröffentlichen. Ein Programm, das kostenlos ist und ich dir dafür sehr ans Herz legen kann, ist Pilotposter: https://www.pilotposter.com/ Da aber auch Facebook, genau wie Instagram, Spam verhindern will, kann es bei Benutzung solcher Bots schnell zur Sperrung deines Facebook Kontos führen. Ein paar Regeln, die du beachten solltest, um das zu verhindern, sind: 1) Am besten keine Links direkt in den Beiträgen zu veröffentlichen, sondern maximal in den Kommentaren deines Beitrags, 24 h nach Veröffentlichung deines Beitrages, um diesen auch nochmal in der Gruppe „hochzuholen" und besser für andere sichtbar zu machen. 2) Egal, ob mit Link oder ohne, höchstens 5 Gruppen am Tag in Abständen von 10 – 60 Minuten nutzen. 3) Unterschiedliche Beiträge nutzen. Selbst immer und immer wieder das selbe Bild kann für Facebook als Spam gelten. Alles, was du zum sicheren Umgang mit Pilotposter zu beachten hast, findest du hier: https://www.pilotposter.com/articles/post-safely-avoid-facebook-jail/

Eigentlich eignet sich Pilotposter für mich nur, wenn ich tatsächlich mal in 5 Gruppen am Tag einen Beitrag mit direktem Link hoch lade und um schon ein paar Tage im Voraus zu planen. Da das aber noch Mengen sind, die man locker per Hand abdecken kann, liegt es an dir, ob du die Grenzen des Möglichen ausreizt und Pilotposter für bis zu 10 Gruppen am Tag mit mehreren Beiträgen ausnutzt, um so voll automatisch möglichst viele Klicks auf deine Affiliate Links zu erhalten oder ob du, wie ich, alles manuell machst. Da ich eh den Weg ohne direkten Link bevorzuge, kommst du bald nicht hinterher, auf die Kommentare zu antworten, wenn du in mehr als drei Gruppen deinen Beitrag hinterlässt, wenn du mit Pilotposter gleich 10 solcher Beiträge pro Tag in die Gruppen stellen lässt. Deswegen sei dir an dieser Stelle gesagt, probiere dich aus. Setze alle Methoden, egal ob mit Link, ohne Link, mit Aufrufen zum Kommentieren bzw. per Hand oder mit Pilotposter um und teste, was für dich am besten funktioniert.

5.4.3 Hochskalieren deines Business – gekaufter Traffic

Um Facebook Werbung schalten zu können, brauchst du zwingend eine Seite, in deren Namen du eine Anzeige auf Facebook schaltest. Damit ist nicht dein gewöhnliches Profil gemeint, sondern Seiten, die andere mit „gefällt mir" markieren können. Solche Seiten kannst du erstellen, indem du auf den kleinen blauen Pfeil, ganz rechts oben im Menü auf Facebook gehst und dann dort auf „Seite erstellen". Gestalte deine Seite dabei mit Profilbild, Titelbild, Beschreibung und Beiträgen so attraktiv wie möglich. So kannst du z.B. www.canva.com nutzen, um dort über die passende Funktion „Facebook Cover" ein Facebook Titelbild kostenlos zu erstellen.

Auch hier gilt wie überall, gib deinen Abonnenten einen echten Mehrwert. Du kennst es von Instagram! Auch wenn du deine Seite nur für Werbeanzeigen verwendest, kann es vorkommen, dass sich die Leute die Seite dahinter ansehen, einfach nur, um zu schauen, wie seriös dein Angebot ist. Deswegen gib auch hier einen riesigen Mehrwert und halte deine Seite so attraktiv wie möglich. Je attraktiver deine Seite ist, desto einfacher wird es dir auch fallen, Facebooknutzer kostenlos für deine Seite begeistern zu können. Nämlich immer dann, wenn deine Beiträge viral gehen (also geliket, kommentiert, geteilt oder andere verlinkt werden). Wenn du die Seite dann hast, kannst du entweder direkt über einen Beitrag davon eine Werbeanzeige aus diesem Beitrag erstellen (Knopf „Beitrag bewerben") oder wieder über den kleinen blauen Pfeil, ganz oben rechts im Menü auf Facebook auf „Werbeanzeige erstellen" bzw. über „Werbung auf Facebook" Anzeigen schalten. Geh beispielsweise auf „Werbung auf Facebook". Dort kommst du in den Werbeanzeigen Manager.

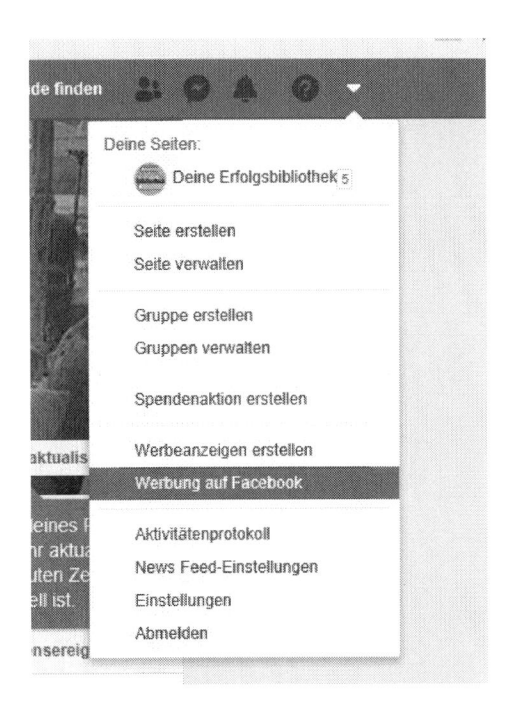

Definieren der richtigen Zielgruppe

Das, für meine Begriffe „Wichtigste", das du hier machen solltest, ist eine ausführliche Zielgruppenrecherche. Nur, wenn du eine für deine Produkte/Angebote/Leistungen etc. genau definierte Zielgruppe hast, an die deine Facebook Werbung ausgestrahlt werden soll, wirst du mit Facebook Werbeanzeigen wirklich Geld verdienen, anstatt es zu verbrennen!

Nutze dazu die Zielgruppen Insights. Zu diesen gelangst du, wenn du im Werbeanzeigenmanager auf die drei Streifen, ganz oben links gehst und in dem dort erscheinenden Menü auf „Zielgruppen Insights". Nun erhältst du eine extrem umfangreiche Übersicht über all die Daten, die Facebook von uns kennt. Diese machst du dir gezielt zu Nutze, um daraus eine exakt definierte Zielgruppe zu erstellen, die du mit deiner Werbeanzeige ansprechen willst. Schauen wir die Übersicht hier nun einmal genauer an: Als aller erstes findest du hier eine

Übersicht über die Facebooknutzer, sortiert nach Alter und Geschlecht. Standardmäßig dürfte hier bei dir als Ort, links oben neben der Übersicht, die USA eingestellt sein. Gebe dort (links oben direkt neben der Übersicht) einmal Deutschland, Österreich und Schweiz an sowie unter „Erweitert" bei „Sprache" „deutsch", da du ja aller Wahrscheinlichkeit nach nur Leute erreichen willst, die auch Deutsch sprechen. Nun siehst du, oberhalb der Übersicht, wo „Neue Zielgruppe" steht, die Zahl der monatlich auf Facebook aktiven Nutzer (siehe Bild).

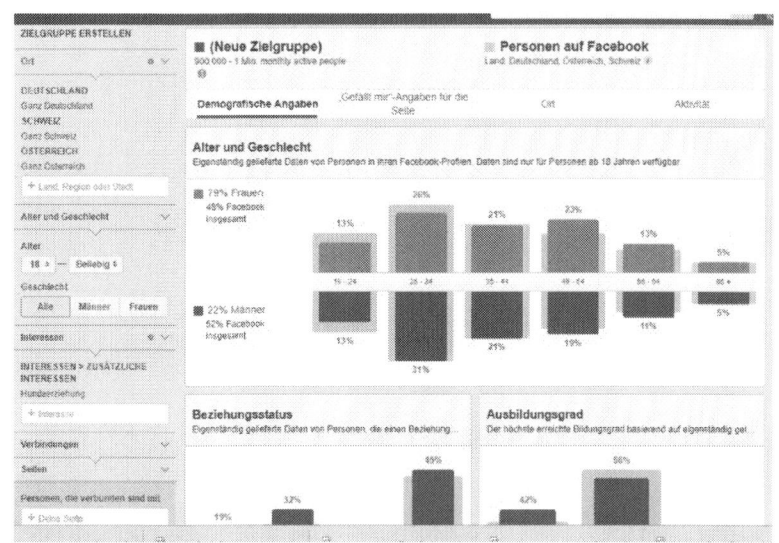

Die Balken in der Übersicht selbst zeigen nun an, wie die relative Verteilung dieser aktiven Facebooknutzer ist, sortiert nach Alter und Geschlecht. Dort kannst du erkennen, dass sich hinter den dunkelblauen Balken noch graue Balken befinden. Die grauen Balken sind dabei der Durchschnitt der Facebooknutzer in der angezeigten Altersklasse. Arbeiten wir mal mit der typischen Beispielnische Hundeerziehung weiter (siehe Bild oben). Nehmen wir also mal an, wir wollen gezielt mit Facebook Werbung Menschen ein Affiliate Produkt anbieten, das Hundebesitzern zeigt, wie sie ihre Lieblinge erziehen können. Um unsere Zielgruppe also nun soweit einzuschränken, dass unsere Werbung nur Facebooknutzer sehen, die auch tatsächliches Interesse an Hundeerziehung haben, geben wir links, direkt neben der Übersicht „Hundeerziehung" bei „interesse" ein. Was du nun siehst, ist, dass z.B. oben bei den Frauen der blaue Balken bei den 45 – 54 Jährigen größer ist, als der graue Balken dahinter. Das heißt, dass hier deutlich mehr Facebooknutzer im Alter von 45 – 54 als der Durchschnitt in diesem Alter an Hundeerziehung interessiert sind und zwar ganze 23 % der Frauen von 45 – 54. Wenn wir jetzt also eine Anzeige mit einem Produkt zu Hundeerziehung schalten wollten, würden wir die Anzeige nur an Frauen von 45 – 54 anzeigen lassen, da die Wahrscheinlichkeit hier höher ist, dass die Nutzer, die die Anzeige sehen, auch Interesse an unserem Produkt haben und dieses wahrscheinlicher kaufen. Nun kannst du mit entsprechenden Angaben von Orten, Interessen oder auch Sprachen (nicht alle, die in Deutschland, Österreich & Schweiz leben, sprechen auch Deutsch, bzw. würden auf Deutsche anzeigen klicken) deine Zielgruppe soweit definieren, dass sie gezielt nur Leute erreicht, die auch potentielles Interesse an deinen Inhalten haben, aber auch nicht zu weit eingreifen, da du sonst zu wenig Leute erreichst, als dass deine Anzeige profitabel wird. Eine gute Anfangszielgruppe ist dabei von vielleicht 50.000 bis 300.000 erreichte, potentielle Interessenten, wenn du gleich zu Anfang möglichst zielgerichtet starten willst. Wieviele Personen theoretisch mit aus deiner so eingekreisten Zielgruppe dabei auf Facebook insgesamt aktiv sind, siehst du oben, über der Balkenübersicht, wo „Neue Zielgruppe" steht. Diese so recherchierte Zielgruppe solltest du nun oberhalb der Balkenübersicht abspeichern und so benennen, dass du anhand des Namens weißt, wen du damit erreichst.

Was aber auch gängige Praxis ist: Wenn du keine guten Interessen oder andere Einschränkungen zur Definition deiner Zielgruppe findest oder du Spilttests mit zwei verschiedenen

Zielgruppen durchführen willst, reicht am Anfang auch erst mal, deine Zielgruppe nur grob einzuschränken, also z.B. bestimmte Altersgruppen, davon nur Männer oder nur Frauen, die in Deutschland/Österreich/Schweiz wohnen, als Sprache Deutsch sprechen und dazu mit einem angegebenen Interesse, wie Beziehungsstatus, usw., sodass du auf 250.000 – 500.000 Leute kommst. Grund dafür ist, dass wir im ersten Schritt, eh nur Leute fast schon „testweise" auf unsere Anzeige lenken und wir in einem Zweiten Schritt von Facebook selbst nur Leute auswählen lassen, die am ehesten geneigt sind, auf deine Anzeige zu reagieren und daraufhin zu kaufen.

Ziele deiner Anzeigen

Nun hast du mehrere Möglichkeiten. Zum einen kannst du so über Facebook eine Anzeige schalten, die - bei Klick auf die Anzeige oder dem Link - zu deiner Facebook Gruppe führt, in den Facebook Messenger, zu einem Email opt-in für dein Email Marketing, auf deine Webseite/deinen Blogbeitrag, in der du deine Affiliate Links oder eigene Produkte eingebaut hast ODER direkt auf einen Affiliate Link, den du in der Anzeige hinterlegt hast. Dazu möchte ich dir hier die Vor- & Nachteile der einzelnen Möglichkeiten einmal aufzeigen: Wenn du deine Zielgruppe in deine Facebook Gruppe bringst, kannst du dort gleich mehrere Leute auf einmal erreichen und ihnen Support geben. Damit hast du Kundenbindung und du kannst kostenlos retargeting betreiben, heißt, die Leute, die noch nicht bei dir gekauft haben, noch mal mit deinem Inhalten ansprechen und so zum Kauf zu bewegen. Dazu kann jeder für alle anderen Mitglieder sichtbar Beiträge und Kommentare verfassen, die im besten Fall von alleine dafür sorgen, dass deine Inhalte promotet werden. Die Mitglieder unterstützen also im besten Fall von alleine deine Inhalte/Produkte/Leistungen. Dazu musst du aber zwingend die URL, also die Webadresse deiner Facebook Gruppe cloaken, also mit http://goo.gl oder http://bit.ly kürzen, da Facebook auf normalem Weg keine Facebook eigenen Webseiten als Ziel akzeptiert. Wenn die Beiträge in deiner Gruppe aber zu viel werden, könnten bestimmte Beiträge von deinen Mitgliedern nicht gesehen werden, d.h. du verlierst im schlechtesten Fall damit Reichweite für deine Inhalte. Das ändert sich, wenn du eine Anzeige schaltest mit dem Ziel, eine Nachricht in den Facebook Messenger zu schreiben. Damit hast du nicht nur einmal den Lead, den du immer und immer wieder anschreiben kannst, sondern hast dazu noch eine besser Öffnungs- und Klickrate auf deine Nachrichten mit den Links zu deinen Affiliate Produkten/Webseite/Blogbeitrag. Außerdem müssen die Facebook Nutzer Facebook nicht verlassen, um das Ziel deiner Werbeanzeige zu erreichen. Denn je weniger Schritte ein Benutzer nach einer Werbeanzeige gehen muss, desto wahrscheinlicher erreicht er dein Ziel. Wenn du ihn also mit einer Anzeige erst auf eine Landingpage für einen Email opt-in von dir schickst, die der Nutzer nicht kennt oder auf deinen Blogartikel und dann nochmal auf den Affiliate Link, werden sich weniger eintragen bzw. weniger kaufen, als wenn sie einfach nur in den Facebook Messenger geschickt werden. Da du nun ja auch weißt, dass niemand auf Facebook wie auch auf Instagram unterwegs ist, um zu kaufen, ist der Schritt über eine Facebook Gruppe oder den Messenger ideal, da du mit weiteren Nachrichten und Beiträgen deinen Interessenten einen echten Mehrwert geben und sie so immer weiter aufwärmen kannst, sodass sie bei dir kaufen. Einfacher ist nun nur noch das Ziel, die Interessenten deiner Werbeanzeige auf eine Webseite/Blogbeitrag von dir zu schicken, wo sich dein Affiliate Link befindet oder noch besser, du eigene Produkte verkaufst.

Wie Facebook Werbeanzeigen gegliedert sind

Als Erstes, wenn du eine neue Anzeige erstellst, wirst du nach der Kampagne gefragt. Facebook Werbeanzeigen sind, wenn sie aufgesetzt werden, wie folgt in Übersichten dargestellt: Du hast Kampagnen, die ein bestimmtes Ziel verfolgen. Welches Ziel das sein soll, wirst du beim Erstellen einer neuen Anzeige gefragt. Diese Kampagne ist eingeteilt in Werbeanzeigengruppen. Die Werbeanzeigengruppen sind wiederum unterteilt in verschiedene Werbeanzeigen. Das heißt, wenn du z.B. einen Splittest machst, heißt, zwei Anzeigen mit dem selben Ziel, aber z.B. unterschiedlichen Bildern erstellst, die gegeneinander getestet werden, welche Anzeige, mit welchen Bild am besten konvertiert, hast du eine Kampagne z.B. mit dem Ziel „Traffic", in der eine Anzeigengruppe ist, mit zwei Anzeigen, einmal Bild A und das andere Mal mit dem Bild B. Sowas nennt man Splittest. Facebook fragt dich beim Erstellen einer Werbeanzeige im Werbeanzeigen Manager auch danach, ob du deine Anzeige als Splittest, also z.B. mit zwei verschiedenen Bildern, aufsetzen möchtest. Die besser konvertierende Variante wird dann von Facebook selbst gefördert.

Was du mit deiner Facebook Werbeanzeige erreichen kannst

Hiermit ist gemeint, worauf du mit deiner Anzeige hinaus willst. Facebook selber gibt dir hier mehrere Möglichkeiten, wenn du eine neue Kampagne startest. Du hast zur Auswahl: Markenbekanntheit, Reichweite, Traffic, Interaktionen, App-Installation, Videoaufrufe, Leadgenerierung, Nachrichten, Conversions, Katalogverkäufe und Besuche im Geschäft!

Die wichtigsten Marketingziele für uns sind dabei: Traffic, Interaktionen, Leadgenerierung, Nachrichten und Conversions. Für welche Strategie wir die einzelnen Ziele nutzen, kommt später in diesem Kapitel.

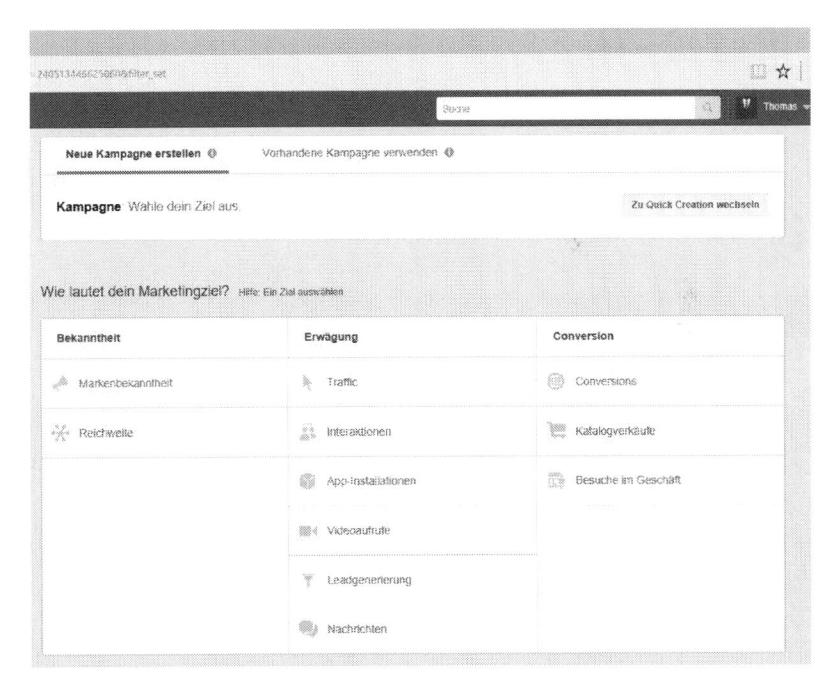

Hier die Erklärungen, was du mit diesen Auswahlen bewirkst: Traffic heißt, dass die Besucher, die auf Facebook deine Anzeige sehen, über den Link in der Anzeige bzw. einem Button auf eine Webseite gelenkt werden. Mit Interaktionen kannst du Likes,

Kommentare und Teilen eines deiner Beiträge bzw. der Anzeige fördern. Danach bemisst sich dann auch der Preis für deine Anzeige. Bei Leadgenerierung wird ein Popup eingeblendet, auf dem sich der Traffic von Facebook in deine Email Liste eintragen kann. Besonderer Vorteil hiervon ist, dass du das z.B. mit deinem Mailchimp Konto verknüpfen kannst. Dann müssen die Leute noch nicht einmal Facebook verlassen, um sich in deine Email Liste einzutragen. Denn je weniger Schritte der Traffic machen muss, um dein Ziel zu erreichen, desto eher und mehr werden dieses Ziel erreichen. Mit Nachrichten kannst du die Leute in deinen Messenger schicken und die Kontakte für deinen Chatbot nutzen.

Mit Conversion zahlst du dafür, dass die Leute deine Angebote aus der Anzeige kaufen. Das klappt aber nur, wenn du eine eigene Webseite dafür benutzt, auf der dein Facebook Pixel installiert ist, mit dem Facebook nachverfolgen kann, welcher der Nutzer, der von Facebook kommt, auch wirklich kauft.

Conversions & Interaktionen tracken

Du hast nun drei grundlegende Strategien, mit denen du durch Facebook Werbeanzeigen Geld verdienen kannst: Entweder du schickst die Leute direkt auf das Affiliate Angebot, auf deine Webseite oder sammelst einen Kontakt für deine Email Liste, Facebook Messenger oder deiner Gruppe. Bei ersterem kannst du prinzipiell erst mal keine Conversion tracken, was der Nachteil dieser Strategie ist. Punkt zwei dagegen über eine eigene Webseite ermöglicht dir aber genau das. Damit kannst du Leute auswählen, die bestimmte Tätigkeiten, wie z.B. einen Kauf auf deiner Seite vorgenommen haben. Dafür brauchst du allerdings noch das Facebook Pixel. Das ist ein Stück Code, der in den Headbereich deiner Webseite eingebaut wird und feststellen kann, welcher deiner Besucher, welche Handlung auf deiner Webseite vornimmt. Diesen Code bekommst du, wenn du im Facebook Werbeanzeigenmanager auf das Menu mit selbigen Titel (oben links mit den drei Streifen) und dort in der mittleren Spalte auf „Pixel" gehst (siehe Bildmitte).

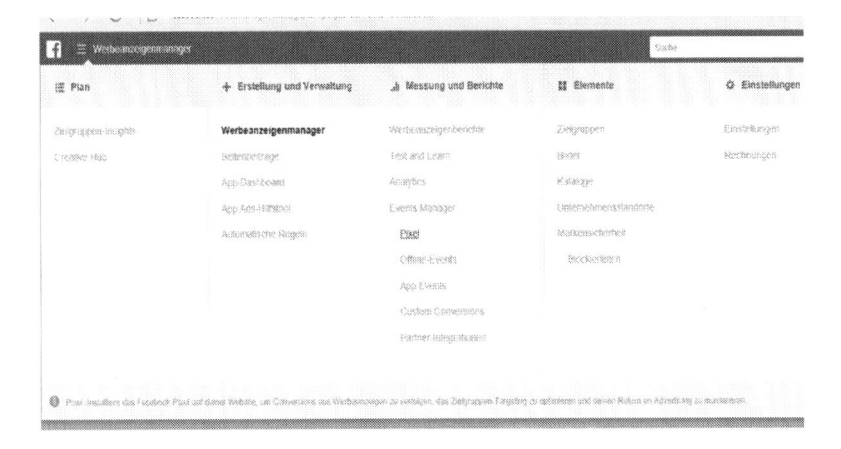

Im nächsten Schritt gehst du auf „Pixel" erstellen. Gehe nun auf „Weiter" bis du zu der Auswahl kommst, mit der du deinen Code erstellst (siehe Abbildungen). Dort gehst du auf „Code manuell erstellen". Nun bekommst du eine genaue Anleitung von Facebook, wie du nun vorzugehen hast. Klicke also auf „Weiter" und dann auf „Events installieren". Dort klickst du auf den Schalter neben dem Event, das du erfassen möchtest. Wenn du sowas wie einen Linkklick erfassen möchtest, dann gehe auf „Kauf" (Purchase). Wähle dort die Option „Event bei Inline-Handlung erfassen", wenn du erfassen möchtest, wie jemand etwas anklickt (etwa, um Ware in einen Einkaufswagen zu legen oder etwas zu kaufen bzw. in unserem Fall auf den Affiliate Link klickt).

Der Code, der dir nun so erstellt wird, brauchst du dann einfach nur noch zu kopieren und in den Einstellungen deiner Webseite hinzuzufügen. Da das aber aufwendiger ist, empfehle ich dir, diesen Weg über eine eigene Webseite erst zu gehen, wenn du eigene Produkte auf deiner Webseite verkaufen willst oder du mit den anderen Wegen nach mehrmaligen Tests keine Erfolge erzielst.

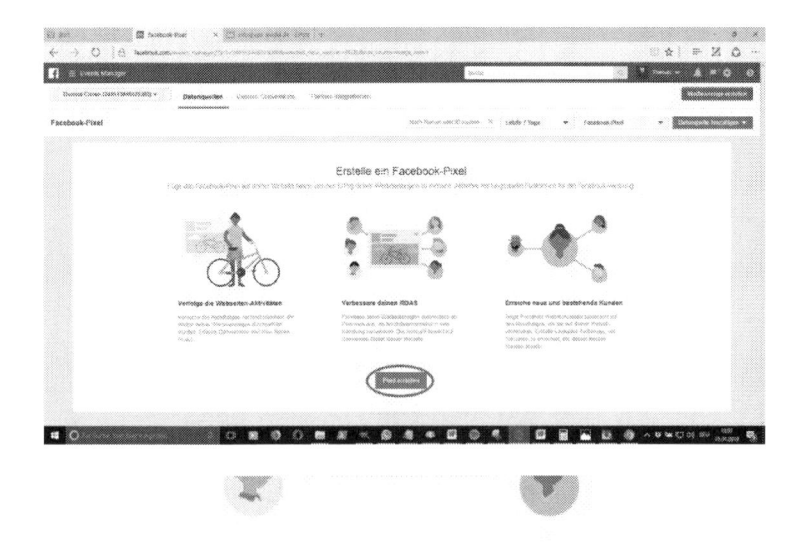

Verbessere deinen ROAS

Facebook liefert Werbeanzeigen automatisch an Personen aus, die höchstwahrscheinlich eine Handlung vornehmen. Die Auswahl basiert auf Conversion-Daten deiner Website.

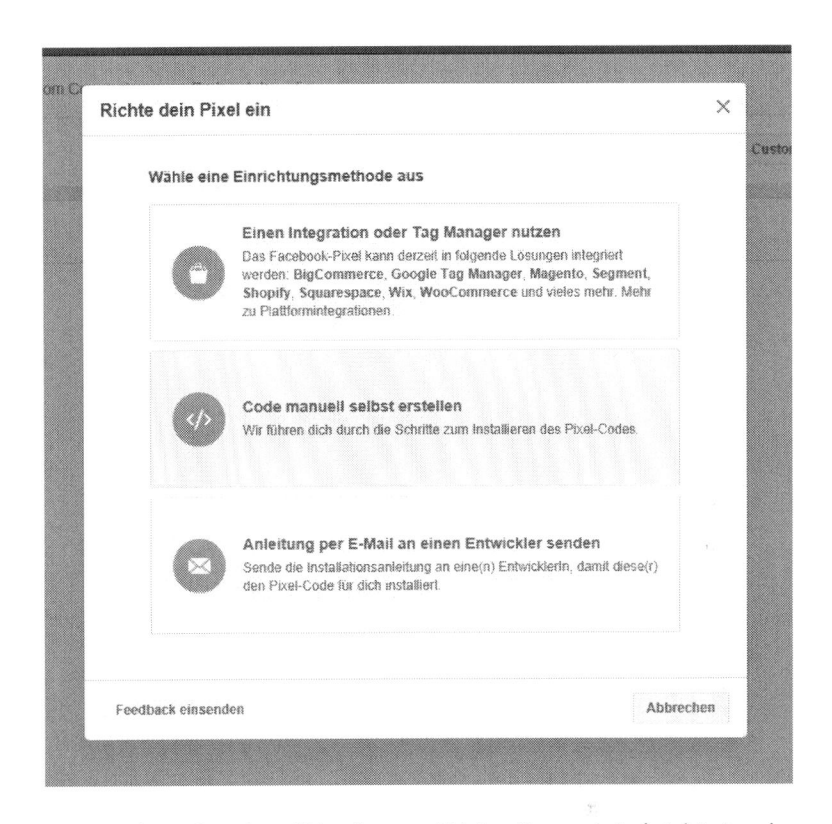

Wenn du z.B. eine Wordpress Webseite nutzt (nicht in der kostenlosen Version von wordpress.com), kannst du unter Plugins nach „pixel" suchen. Dann kannst du ein Plugin, das dir gefällt, installieren und in den Plugineinstellungen den Code für das Facebook Pixel einfügen. Du kannst sogar kostenlose Webseiten und online Shops, die du mit https://www.weebly.com/de oder https://de.wix.com/ erstellt hast, in den Einstellungen im „Kopfzeilenbereich" den Code von deinem Facebook Pixel einfügen und so gezielt die Interaktionen deiner Facebook Besucher nachverfolgen. Ist dein Pixel nun auf deiner Webseite aktiviert, weiß Facebook genau, welcher Nutzer bei dir eine bestimmte Handlung vornimmt. Aus diesen Leuten kannst du dann eine Custom Audience erstellen, mit der du eine Retargeting Kampagne aufsetzt oder eine Lookalike Audience, um weitere, neue Kaufbereite Besucher auf deine Webseite zu holen. Beides lernst du im weiteren Verlauf dieses Kapitels.

Wenn du allerdings keine eigene Webseite benutzen möchtest, sondern ganz simpel Leute direkt auf deinen Affiliate Link bringen willst, kannst du so prinzipiell kein Pixel nutzen und so auch keine Conversion (=Verkauf) tracken. Was wir uns hier aber zunutze machen ist, dass wir die Interaktionen auf deine Werbeanzeige/Facebook Beiträge benutzen können. So kannst du jeden Linkklick, jeden Kommentar, jedes Like, Teilen oder das Ansehen deines Videos messen.

Die Strategien im Detail

Strategie Nummer 1 ist, Traffic in deine Gruppe zu bringen. Das heißt, du wählst als Marketing Ziel „Traffic" aus. Dann packst du einen gekürzten/gecloakten Link zu deiner Gruppe in einen Beitrag deiner Seite. Aus diesem Beitrag machen wir dann eine Werbeanzeige, indem wir am rechten, unteren Rand auf den Knopf „Beitrag bewerben" gehen. Wir wählen für alle unsere Strategien bewusst einen Beitrag aus unserer Seite für eine Anzeige aus und erstellen **NICHT** im Werbeanzeigenmanager eine neue Werbeanzeige. Der Unterschied hierbei liegt nämlich darin, dass wir auf normale Beiträge der Seite noch organischen Traffic von Facebook Nutzer bekommen, die die Interaktionen ihrer Freunde auf eben diesen Beitrag sehen. Für diesen organischen Traffic zahlen wir nämlich keinen Cent! Erstellen wir dagegen aus dem Werbeanzeigenmanager heraus eine Anzeige, ist diese nicht auf unserer Seite sichtbar, sodass nur Leute mit der Anzeige interagieren, an denen Facebook unsere Werbung ausspielt. Was eine gute Werbeanzeige ist und was du absolut vermeiden solltest, erfährst du im weiteren Verlauf dieses Kapitels.

Die nächste Strategie ist, über die Auswahl „Nachrichten" deine Interessenten in den Messenger zu deiner Seite hinzuzufügen. Dort kannst du dann automatische Nachrichten vorbereiten, am besten wie eine Umfrage aufgebaut oder mit kostenlosen Informationen und viel Mehrwert in einer Nachrichtenserie, wobei jeden Tag eine neue Nachricht kommt, die deine Interessenten weiter aufwärmen. Dafür ist es absolut empfehlenswert, wenn du dir den (kostenlosen) Zugang zu Manychat besorgst. Damit das nicht den Rahmen des Buches sprengt, findest du Erklärungsvideos für Manychat im Bonusteil zu diesem Buch oder jede Menge bei YouTube. Das ist alles ganz einfach. Probiere dich damit aus teste, experimentiere rum und falls du Fragen hast, nimm mit mir Kontakt auf. So hast du deinen Lead für den Messenger, den du immer und immer wieder anschreiben und ihm neue Affiliate Produkte vorstellen kannst.

Die dritte Strategie ist, dass du eine Anzeige aus einem Beitrag erstellst, in dem du direkt deinen Affiliate Link eingebaut hast. Auch diesen solltest du kürzen, damit niemand sieht, dass es ein Affiliate Link ist! Für diesen Beitrag nimmst du idealer Weiser ein Video. Am besten eins, das viral geht! Dann schaltest du per Anzeige wieder „Traffic" (als Marketingziel im Werbeanzeigen Manager) auf diesen Beitrag und damit auf deinen Affiliate Link. Hier macht sich ein Video besonders gut, da wir im weiteren Verlauf unserer Strategien von Facebook nur Nutzer auswählen lassen können, die sich das Video auch zu einem bestimmten Anteil mindestens angeschaut haben.

Die vierte Strategie ist, eine Anzeige mit dem Ziel „Traffic" auf deine eigene Webseite zu schalten, die das Facebook Pixel enthält, da wir im weiteren Verlauf diesen nutzen, um unterscheiden zu können, wer dein Angebot gekauft hat und wer nicht. Ich empfehle dir diese Option nur, wenn die anderen

Wege nach mehrmaligem Testen keinen Erfolg bringen oder wenn du eine Webseite hast, auf der du eigene Produkte erstellst.

Bei allen diesen Strategien, außer der über die Nachrichten, ist es wichtig, diese Kampagnen erst einmal etwa drei Tage mit einer noch relativ großen Zielgruppe, die nicht zu sehr mit verschiedenen Interessen eingeschränkt wurde, laufen zu lassen, um möglichst viele Daten zu sammeln. Ein angemessenes Tagesbudget dafür sind ca. 5-10 € pro Tag. Du brauchst hier möglichst viele Daten, damit wir im weiteren Schritt dieser Strategien unsere Zielgruppe immer genauer ansprechen können, sodass unsere Conversion am höchsten wird. Dafür brauchst du mindestens 100 Interaktionen (pro Land, wenn du Deutschland, Österreich und die Schweiz eingegeben hast), damit wir uns daraus nur die „kaufbereiten" Menschen herausfiltern. Dazu geht es jetzt weiter mit der Verfeinerung dieser Strategien

Verfeinerung: Benutzerdefinierte Zielgruppen erstellen und Zielgruppe erweitern
Du hast also nun einen Beitrag auf deiner Facebook Seite erfolgreich mit dem Ziel „Traffic" beworben und in den drei Tagen Laufzeit reichlich Daten gesammelt (und vielleicht auch den ein oder anderen Verkauf generiert). Was wir nun machen, ist, aus diesen Daten eine sog. „Custom Audience" zu erstellen. Das ist eine Benutzerdefinierte Zielgruppe, die etwas Bestimmtes gemeinsam haben. Und was die genau gemeinsam haben, das bestimmen wir jetzt!

Gehe also im Facebook Werbeanzeigenmanager wieder, um das Menü zu öffnen, auf die drei Streifen, ganz oben links. Dort wählst du nun die Option „Zielgruppen" aus und gehe anschließend auf „Get started" (siehe Bilder).

Elemente

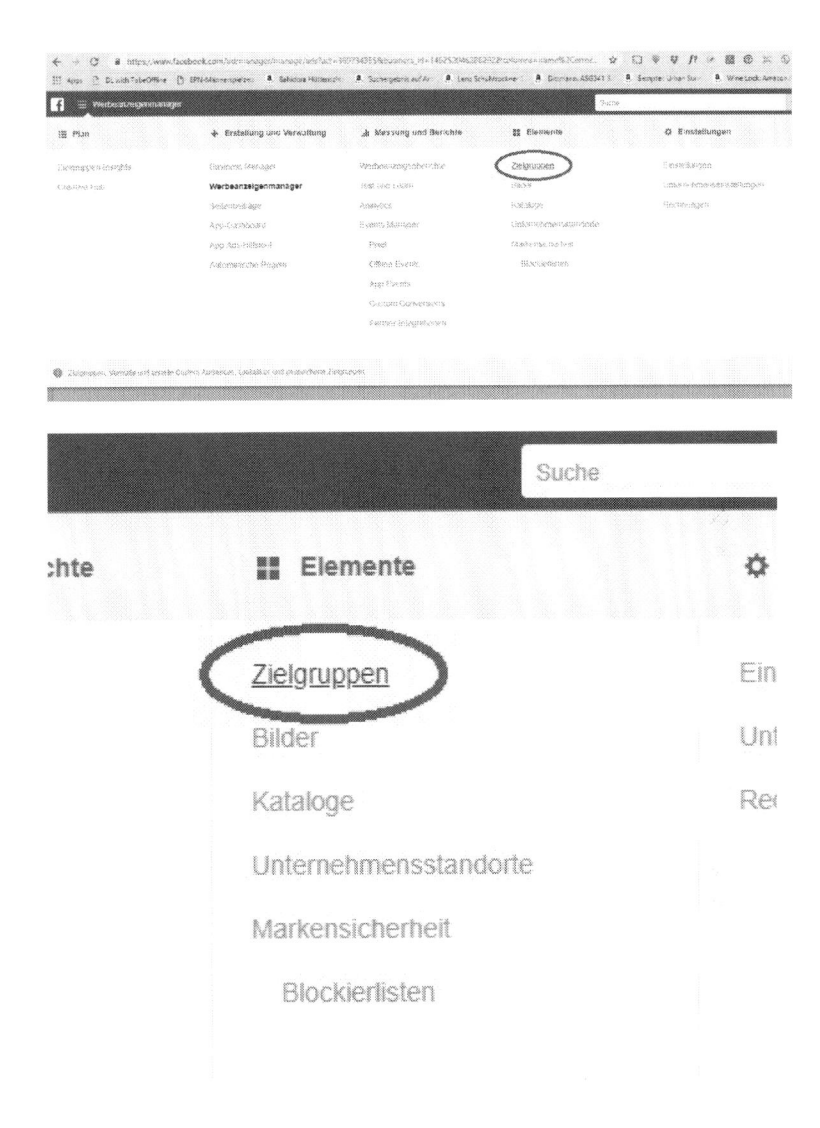

Zielgruppen

Bilder

Kataloge

Unternehmensstandorte

Markensicherheit

Blockierlisten

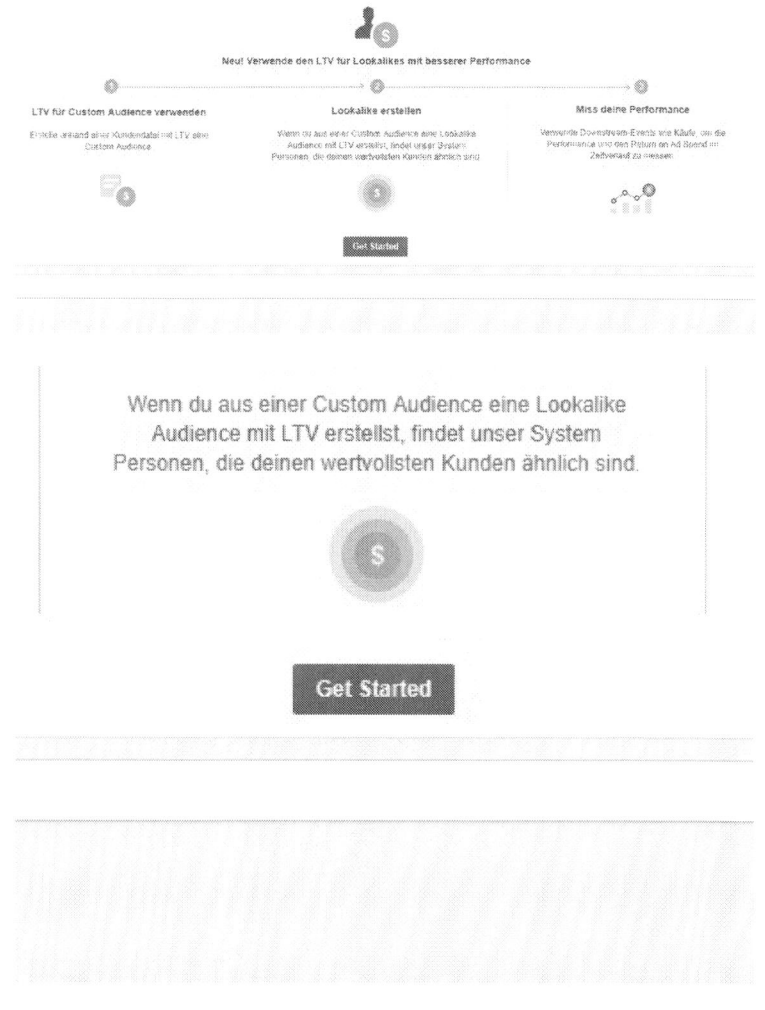

Im nächsten Schritt wirst du gefragt, woraus du deine Custom Audience erstellen möchtest. Für uns wichtig sind die beiden Optionen „Webseiten-Traffic" und „Interaktionen". Für ersteres brauchst du zwingend das Facebook Pixel. Deswegen ist die Fortsetzung der Strategie über die eigene Webseite, aus den über die drei Tage gesammelten Daten, eine Custom Audience zu erstellen, mit Leuten, die auf deiner Webseite eine bestimmte Handlung vorgenommen haben. Für „Interaktionen" können wir allerdings einfachere Wege gehen. Wähle also „Interaktionen" aus (siehe Bilder unten). Dort bekommst du nun wieder jede Menge Auswahlmöglichkeiten. Für dich wichtig ist hier: „Video" und „Facebook-Seite". Gehe z.B. auf „Facebook-Seite". Dort kannst du auswählen, welche Interaktionen du erfassen möchtest. Hier ist wichtig „Personen, die mit einem Beitrag oder Werbeanzeige interagiert haben" oder „Personen, die auf einen Call to Action-Button geklickt haben" (siehe Bilder). Ersteres kommt gut, wenn du viele Interaktionen auf deinem Beitrag hast, was z.B. durch das erste Marketingziel „Interaktionen" zustande gekommen ist oder wenn du einen Beitrag auf deiner Seite mit vielen Interaktionen hast. Der Nachteil hiervon ist, dass auch Kommentare erfasst werden, die von Hatern und damit von nicht Interessenten kommen können. Wählst du als Interaktion den Klick auf den Call to Action Button aus, hast du dagegen nur Leute, die auch wirklich starkes Interesse an deinen Inhalt haben. Nachteil hierbei ist, dass die Klicks auf einen Link, den du in den Beitragstext hinterlegt hast, nicht erfasst werden. Dennoch würde ich die Option mit dem Call to Action Klick bevorzugen. Dieser Custom Audience gibst du nun einen aussagekräftigen Namen und speicherst sie ab (siehe Bilder). Dieser Weg ist für dich gut, wenn du kein Video hast, das du für eine Werbeanzeige verwenden kannst. Oberstes Ziel für dich sollte aber immer sein, wann immer es geht, ein Video zu nutzen, da wir nun noch besser Interessenten ausfindig machen können.

Custom Audience erstellen

Wie möchtest du diese Zielgruppe erstellen?

Erreiche Personen, die eine Beziehung zu deinem Unternehmen haben, egal, ob es sich dabei um Bestandskunden oder potenzielle Kunden handelt, die auf Facebook oder anderen Plattformen mit deinem Unternehmen interagiert haben.

Kundendatei
Verwende eine Kundendatei, um deine Kunden und potenziellen Kunden mit Personen auf Facebook abzugleichen und eine Zielgruppe aus den Übereinstimmungen zu erstellen. Die Daten werden vor dem Hochladen mit einem Hash versehen.

Website-Traffic
Erstelle mithilfe des Facebook-Pixels eine Liste an Personen, die deine Website besucht oder bestimmte Handlungen vorgenommen haben.

App-Aktivität
Erstelle eine Liste an Personen, die deine App oder dein Spiel geöffnet oder bestimmte Handlungen vorgenommen haben.

Offline-Aktivität [AKTUALISIERT]
Erstelle eine Liste an Personen, die im Laden, per Telefon oder über andere Offline-Kanäle mit deinem Unternehmen interagiert haben.

Interaktion [AKTUALISIERT]
Erstelle eine Liste der Personen, die mit deinem Content auf Facebook oder Instagram interagiert haben.

Dieser Prozess ist sicher und die Details zu den Kunden bleiben privat.

Was möchtest du zum Erstellen dieser Zielgruppe verwenden?

Mit Zielgruppen basierend auf Interaktionen kannst du Personen erreichen, die bereits mit deinen Inhalten auf Facebook interagiert haben.

Video [AKTUALISIERT]
Erstelle eine Liste an Personen, die sich Zeit genommen haben, deine Videos auf Facebook oder Instagram anzusehen.
Von:

Lead-Formular [AKTUALISIERT]
Erstelle eine Liste an Personen, die ein Formular in deinen Lead Ads auf Facebook oder Instagram geöffnet oder ausgefüllt haben.
Von:

Vollbild-Erlebnis [AKTUALISIERT]
Erstelle eine Liste mit Personen, die deine Collection Ad oder dein Canvas auf Facebook geöffnet haben.
Von:

Facebook-Seite
Erstelle eine Liste mit Personen, die mit deiner Seite auf Facebook interagiert haben.
Von:

Instagram Business-Profil [NEU]
Erstelle eine Liste der Personen, die mit deinem Instagram Business-Profil interagiert haben.
Von:

Veranstaltung [NEU]
Personen, die mit deinen Veranstaltungen auf Facebook interagiert haben.
Von:

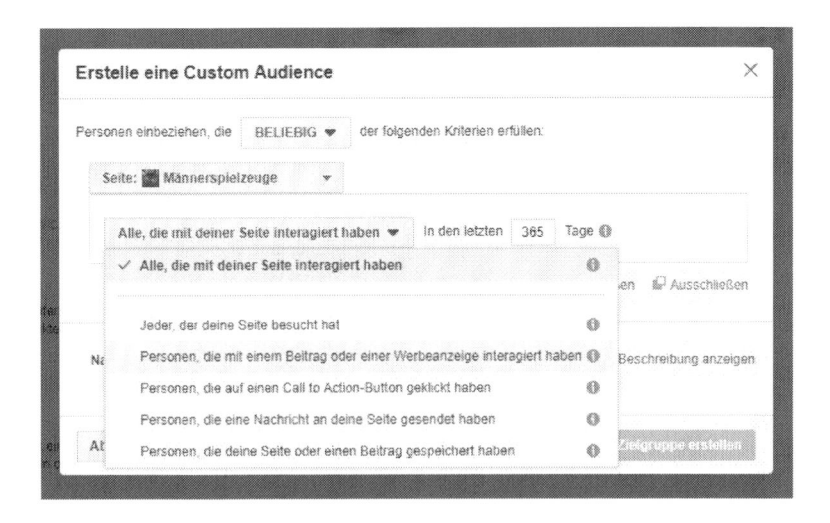

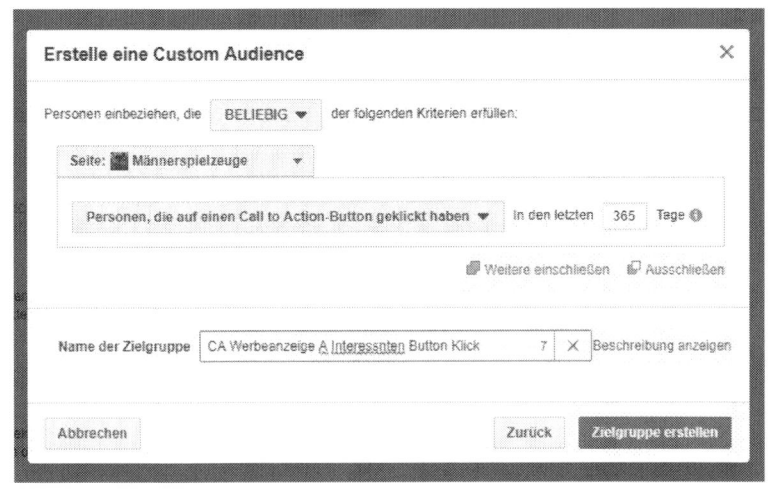

Gehe also zum Erstellen dieser Custom Audience in der ersten Auswahl wieder auf „Interaktionen", danach ganz oben auf „Video" (siehe vorherige Bilder). Nun wählst du in dem Feld „Interaktionen" „Personen, die mindestens 95 % deines Videos gesehen haben" aus (Bilder unten). Danach bekommst du eine Übersicht aller deiner Facebook Seiten und Videos darauf. Wähle hier das Video aus, aus dem du eine Anzeige gemacht hast und geh unten rechts auf „Bestätigen". Nun gibst du der

148

Zielgruppe noch einen aussagekräftigen Namen, der eindeutig ist und unter dem du deine Zielgruppe zuordnen kannst.

Diese Custom Audience nutzen wir nun, um daraus eine Zielgruppe zu erstellen, mit Leuten, die so ähnlich sind, wie die Leute, die dein Video zu mindestens 95 % gesehen haben.

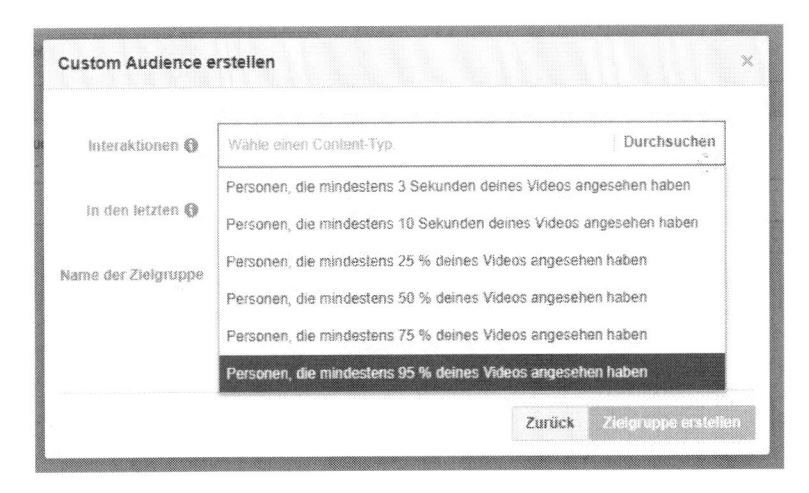

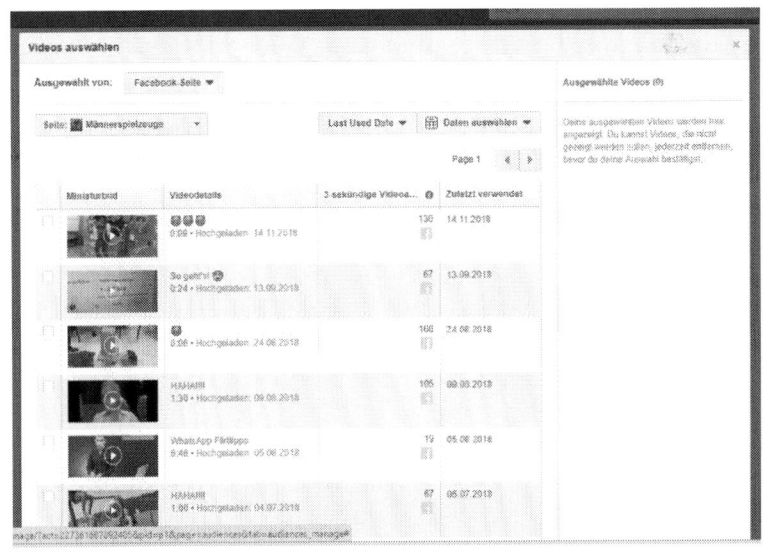

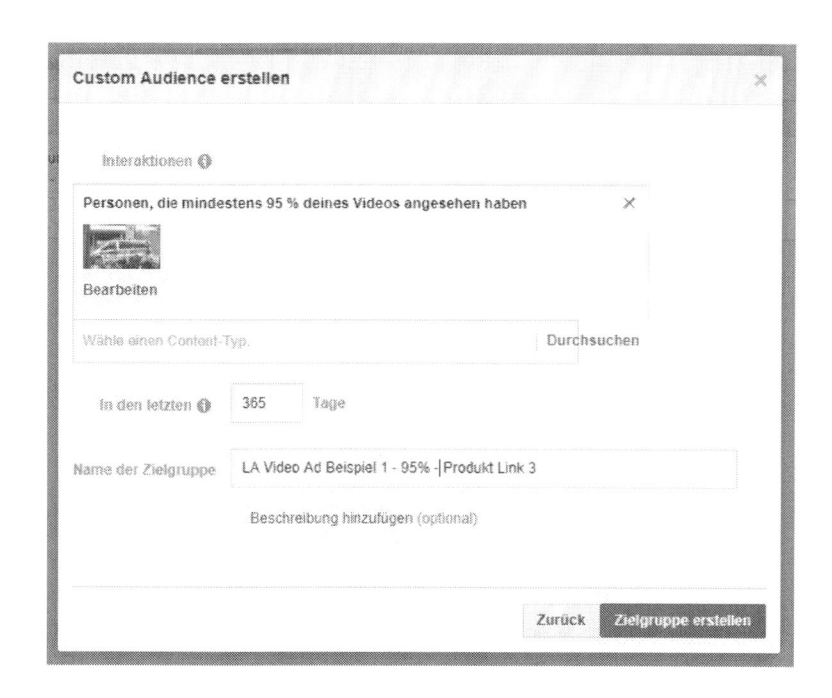

Wenn du die Strategie über eine eigene Webseite gehst, auf der dein Facebook Pixel ist, kannst du diese Custom Audience nun nutzen, um genau die selben Leute, die auf deiner Verkaufsseite waren, aber aus irgendeinen Grund noch nicht gekauft haben, erneut anzusprechen und auf deine Verkaufsseite lenkst, da hier die Conversionrate verhältnismäßig hoch ist. Das ist der berühmte Jeff Bezos Trick, was du wahrscheinlich schon von Amazon kennst, dass du ein Produkt, das du zwar auf Amazon angesehen, aber noch nicht gekauft hast, kurze Zeit später in einem Haufen von Werbeanzeigen erneut angezeigt bekommst.

Für alle anderen Wege, die auch ohne eigene Webseite auskommen, nutzen wir die Custom Audience nicht, um erneut eine Anzeige an diese Zielgruppe auszuspielen, sondern nur, um aus dieser benutzerdefinierten Zielgruppe eine Zielgruppe mit Leuten zu erstellen, die den Leuten aus der Custom Audience am ähnlichsten sind, da hier theoretisch das Interesse an deine Produkte am größten ist. Das wäre dann die sogenannte

„Lookalike Audience", die wir nun erstellen (siehe Bilder unten). Achte dazu aber darauf, dass Facebook genug Daten für eine Custom Audience hat und in der Spalte „Verfügbarkeit" der grüne Punkt und das Wort „bereit" steht. Erst dann kann Facebook daraus eine sinnvolle Lookalike Audience erstellen (das sind im besten Fall die mindestens 100 Leute, die eine Interaktion vorgenommen haben). Dazu markierst du die gerade gespeicherte Custom Audience mit einem Haken ganz vorn in der Tabelle, gehst dann auf „Handlungen" und dort ganz oben auf „Lookalike erstellen". Hier kommt nun ins Spiel, was ich dir bereits gesagt habe, dass du erstmal pro Standort mindestens 100 Benutzerdaten haben musst, damit die Lookalike Audience daraus klappt. Gib also nun als Ort Deutschland an, aus denen die Benutzer kommen sollen. Für Österreich und die Schweiz musst du eine eigenständige Lookalike Audience erstellen. Dann hast du einen Schieberegler zur Auswahl der Größe dieser Lookalike Audience. Je größer du hier die Prozentuale Angabe einstellst, desto weiter wird die Lookalike Audience ausgedehnt und desto unähnlicher/ungenauer wird diese Zielgruppe. Über drei Prozent macht hier im Allgemeinen recht wenig Sinn.

Auch dieser Zielgruppe gibst du nun einen eindeutigen Namen, den du später wieder der Anzeige, dem Produkt und der Kampagne zuordnen kannst. Diese Zielgruppe kannst du nun nutzen, um in einer neuen Anzeige Traffic auf deinen Affiliate Link zu schicken. Dieser Traffic ist dann meistens der beste, den du bekommen kannst, mit den besten Kosten pro Klick auf deinem Affiliate Link.

Wichtig für dich hier zu wissen ist, dass sich die Custom Audience automatisch aktualisiert, je mehr Leute dein Video gesehen haben/auf deinen Beitrag reagiert haben, die Lookalike Audience aber nicht! Das heißt, du kannst und solltest immer, wenn 100 neue Daten in deiner Custom Audience dazu gekommen sind, eine neue Lookalike Audience erstellen, da du so deine Reichweite optimal erhöhst und damit eine höhere Conversionrate bekommst.

Da Instagram zu Facebook gehört, kannst du das gleiche Spiel natürlich auch mit Werbung auf Instagram durchspielen.

Hacks

Zu allererst solltest du beim Standort nicht die Voreinstellung von Facebook nehmen „Personen an diesem Ort", sondern nur „Personen, die an diesem Ort leben". So schließt du alle Touristen, die gerade nur zu Besuch in Deutschland sind, aus. Dann solltest du unbedingt als Sprache „Deutsch" hinzufügen, da es in Deutschland jede Menge Personen gibt, die auf eine deutsche Anzeige nicht reagieren würden. Deshalb würdest du damit Geld aus dem Fenster werfen, wenn deine Anzeige an diese Personen ausgespielt werden würde.

Gerade, wenn du ein Video für deine Anzeige hast, solltest du unbedingt beim Erstellen deiner Anzeige den Haken setzen, dass deine Anzeige nur an Leute ausgespielt wird, die eine WLAN Verbindung haben. Heutzutage sind mehr Leute mit dem Smartphone auf Facebook unterwegs, als mit dem PC und damit auf ihr Datenvolumen oder WLAN angewiesen. Da das Datenvolumen aber schnell aufgebraucht ist und du mit dieser Option ein vorhandenes WLAN nicht voraussetzen würdest, kann es sein, dass du für eine Anzeige zahlst, die jemand nicht richtig ansehen kann, weil das Video nicht lädt.

Dann empfiehlt dir Facebook deine Anzeige automatisch zu platzieren. Das ist zwar gut für Facebook, die von deinen Anzeigen leben, aber nicht gut für dich! Die optimalen Ergebnisse schaffst du, wenn du deine Anzeige nur im Feed auf Facebook (oder Instagram) ausspielen lässt. Nimm also eine manuelle Auswahl vor und lass nur den Facebook Feed aktiviert.

Der nächste Tipp, mit dem du deine Ausgaben minimieren kannst, ist eine Anzeige mit dem Ziel, einen Kontakt für deinen Messenger zu sammeln, da du so deinen Interessenten immer und immer wieder anschreiben kannst, um ihm nicht nur ein Angebot, wie mit einer üblichen Anzeige machen kannst, sondern gleich mehrere deiner (Affiliate) Produkte empfehlen kannst. Das geht am besten über vorgefertigte automatische Nachrichten, die du mit Manychat bis 500 Kontakte kostenlos erstellen kannst. Eine Strategie dafür ist, bei Manychat das Growth Tool „Comment" zu erstellen und dann eine Anzeige mit dem Ziel Interaktionen auf einen deiner Beiträge schaltest, wo in dem Beitragstext sowas steht wie „Wenn du mehr wissen willst/wenn du eine komplette Anleitung bekommen willst, um endlich fit zu werden, dann kommentiere mit ‚ja'". In Manychat stellst du dann über das Growth Tool „Comment" das Keyword „ja" ein. Immer wenn dann jemand mit genau diesem Wort kommentiert schickt Manychat eine von dir vorher eingestellte Nachricht raus. Idealerweise belässt du es dabei aber nicht bei einer Nachricht, sondern führst eine richtige Unterhaltung mit deinem Kontakt, indem du in Manychat unter dem Growth Toll „Comment" bei „Opt-in" angibst, dass der Kontakt zu einer Sequenz hinzugefügt wird. Dazu erstellst du dir vorher eine Sequenz in Manychat mit vorgefertigten Nachrichten, mit denen du deinem Kontakt wirklich weiterhilfst und einen echten Mehrwert gibst. So kannst du deinen Kontakt direkt nach dem Kommentar anschreiben lassen, dann noch mal einen Tag später, am dritten Tag und so weiter und mit jedem Mal Anschreiben ihm weiterhilfst und zum Schluss dein Produkt empfiehlst, dass ihm mehr Erfolg bringt, bessere/schnellere oder einfachere Ergebnisse, als es deine kostenlosen Tipps bringen. Der Vorteil, wenn du hierbei eine Anzeige mit dem Ziel schaltest, dass die Leute kommentieren sollen, erhältst du nämlich noch jede Menge organischen Traffic auf deinen Beitrag, für den du keinen einzigen Cent bezahlst. Jedes Mal wenn nämlich nun jemand auf deinen Beitrag reagiert, sehen das auch die Freunde von den Leuten, die auf deinen Beitrag reagieren.

Ein Hack, der dir für weitere Anzeigen noch mehr Interaktionen bringt, ist dann noch alle Leute, die auf einen deiner Beiträge ein

„Gefällt mir" hinterlassen haben, einzuladen, auch deine Facebook Seite dahinter zu abonnieren. Das geht ganz einfach, wenn du auf die Zahl der „Gefällt mir"- Angaben klickst und dort hinter jedem Namen den „Einladen" Knopf drückst.

Gute Facebook Anzeigen

Was macht eigentlich eine gute Anzeige aus? Das würde ich so zusammenfassen: Eine Anzeige ist optimaler Weise ein Video, das am besten viral geht, also markant ist, lustig, auffällt oder auch provokant ist. Quasi alles, das von Natur aus die Menschen zum Interagieren damit bringt! Das können auch bewusst kleine Rechtschreibfehler sein, die dann alle Leute ins Auge fällt, die dann auf deinem Beitrag klugscheißen müssen.

Dann hat eine optimale Anzeige, egal ob Bild oder Video weniger als 20 % Text. Das ist eine kleine Eigenart von Facebook, dass sie Anzeigen mit wenig bis gar keinen Text im Bild/Video eher ausspielen als Anzeigen mit über 20 % Text.

Für den Beitragstext nutzt du für eine gut konvertierende Anzeige im besten Fall die AIDA Formel, die du bereits aus diesem Buch kennst. Hier haben sich sogenannten „long copy text ads" bewährt gemacht. Das ist quasi ein sehr langer Text, mit dem du wie eine Geschichte erzählst, die alle Punkte der AIDA Formel abarbeitet. Um dir mal ein Beispiel zu geben, wie so eine „long copy text ad" aussehen kann, hier mal eine Anzeige, die ich zum Werben meines Coachings verwendet habe:

„Stell dir vor, du heißt in den nächsten 60 Sekunden Thomas. (Attention)

Thomas ist gerade auf den Malediven. Er sitzt gemütlich am gold-gelben Strand. Er war gerade eine Runde im türkis-blauen Wasser schwimmen. Er nimmt sein Telefon in die Hand und sieht zwei Mitteilungen, dass er in den 20 Minuten, in denen er im Wasser war, 85 € verdient hat.

Thomas stößt daraufhin mit seiner Freundin mit einem Glas Champagner an. Seine Freundin sagt ihm: "Hättest du dich vor drei Monaten nicht dich dazu entschlossen, dein Leben selbst in die Hand zu nehmen, um frei zu sein, würden wir jetzt immer noch im Büro sitzen, und darauf warten, dass die Uhr endlich 17 Uhr schlägt". (Interest)

Thomas sagt: "Und dazu musste ich noch nicht einmal viel Risiko eingehen und unser gutes, angespartes Geld für irgendwelche Seminare und Kurse ausgeben, die uns letzten Endes doch nichts gebracht hätten und ich brauchte keine neue 1-Million-Euro-Idee!"

Thomas, wollte einfach nur sein Leben nach seinen eigenen Wünschen gestalten und seine Träume verwirklichen. Thomas kümmert sich nicht mehr darum, einfache Aufgaben in seinem Bürojob zu erledigen. Nein! Ganz und gar nicht! Thomas ist ganz anders. Thomas hat den täglich gleichen Ablauf einfach satt. Thomas hat verstanden, dass allein sein Wille ihm dazu bringen kann, mehr vom Leben zu haben. Er hat verstanden, dass er mit dem richtigen Plan dem Hamsterrad entkommen kann. Thomas hat sein eigenes Engagement genutzt und einfach nur nach einem simplen Plan gearbeitet und kann dadurch mehr Zeit mit seinen Liebsten verbringen, an den schönsten Orten der Welt.

Thomas hat gelernt, wie er Systeme für sich arbeiten lassen kann, anstatt seine Zeit direkt gegen Geld zu tauschen.

Thomas ist sein eigener Chef und hat sich ganz nebenbei etwas aufgebaut. Er kann arbeiten, wo er will, wie er will und wann er will. (Desire)

Erfahre, wie du dir dein eigenes Ding aufbauen kannst, um dein Leben so zu gestalten, wie du es möchtest, ohne jemals wieder auf die Uhr warten zu müssen, dass bald wieder Feierabend wird!

Wenn du davon profitieren möchtest, komme jetzt in unsere Gruppe! (Action)"

Jeder dieser Abschnitte, die flüssig in einander übergehen, hat seine entsprechende Funktion gemäß der AIDA Formel. Damit schaffst du es, deinen Traffic von Facebook vom Auffallen ganz am Anfang immer weiter aufzuwärmen, sodass deine Conversion am Ende am höchsten ist.

Hierfür solltest du den Relevanzscore von Facebook Werbeanzeigen kennen. Eine Relevanz von 10, die du in der Tabelle deiner Anzeigen am Ende siehst, bedeutet, dass deine Anzeige extrem zielgerichtet war und nahezu alle Menschen angesprochen hat, an die Facebook deine Anzeige ausgespielt hat. Ein Relevanzscore von 1 bedeutet dagegen, dass sich keiner, derjenigen, die die Anzeige zu Gesicht bekommen haben, dafür interessiert hat. Dementsprechend teuer wird deine Anzeige. Anzeigen, die eine Relevanz schlechter als vier haben, musst du unbedingt komplett löschen (es sei denn, sie konvertieren und bringen dir dennoch Gewinne). Bei solchen long copy text ads wird sich deine Relevanz zwar verschlechtern, da weniger Menschen bereit sind, einen solchen langen Text zu lesen, das gleicht sich aber im Idealfall wieder durch einen bessere Conversionrate durch wärmeren Traffic aus. Du zahlst also für solche Anzeigen zwar ein paar Cent mehr, bekommst dafür aber im Gegenzug ein paar mehr Euro Gewinn heraus. Es gilt dennoch, wenn deine Anzeige nicht konvertiert, setze eine komplett neue Kampagne auf!

Schlechte Facebook Anzeigen

Schlecht ist alles, was nicht nur deine Relevanz senkt, sondern viel mehr, was gegen die Facebook Richtlinien für Werbeanzeigen verstößt, da du damit riskierst, für immer mit deinem Facebook Werbekonto gesperrt zu werden. Alles, was gegen diese Richtlinien verstößt, sind Anzeigen mit konkreten Zahlen, wie „So nimmst du in 10 Wochen 30 kg ab", falsche Versprechungen (besonders beim Thema Geld verdienen), Schneeball- und auch MLM Systeme (Network Marketing), anstößige Inhalte, wie nackte Haut oder eben generell verbotene Dinge. Auch so gut wie alles, was mit dem Thema Geld verdienen zu tun hat, mag Facebook nicht. Facebook mag lieber: wenig Text in Bild/Video und Worte wie „So hat <u>unser Kunde</u> in 10 Monaten 30 kg abgenommen". Selbst, wenn du dich deiner Meinung nach an die Richtlinien hältst, kann es passieren, dass dein Werbekonto gesperrt wird. Dazu solltest du dich mehrmals an den Support wenden und hartnäckig bleiben, aber auch gut argumentieren können, warum du deiner Meinung nach nicht dagegen verstößt. Sollte sich nach drei Kontakten aber nichts tun, müsstest du ein komplett neues Facebook Konto erstellen, um neue Werbeanzeigen schalten zu können, das auch eine komplett neue Zahlungsmethode nutzt, die Facebook noch nie gesehen hat und generell keine Verbindung zu deinem gesperrten Werbekonto hat. Also, komplett neues Facebook Profil, neue Facebook Seite, neues Werbekonto mit neuer Zahlungsmethode, die Facebook noch nie gesehen hat!

Fazit

Da es in dem Buch vorrangig darum gehen soll, wie du ohne große Investitionen dein eigenes, profitables online Business mit den sozialen Netzwerken aufbauen kannst, solltest du diesen Teil mit der Facebook Werbung kennen, aber nicht als aller erstes Ziel umsetzen! Erst, wenn du auf all den kostenlosen Wegen Erfolg hast, kannst du darüber nachdenken, Facebook (und dann auch Google/YouTube) Werbung zu nutzen, um dein Business das gewisse Extra zu geben und auf Höhen zu skalieren, die vorher unerreichbar schienen oder spätestens, wenn du die Idee für dein eigenes (digitales) Produkt umsetzen willst. Du wirst sehen, dass du dich mit Facebook Werbung ein wenig mehr auseinander setzen musst, um zu verstehen, was wie gut geht! Da das Thema Facebook Werbeanzeigen auch wieder einen eigenen, kompletten Videokurs oder ein eigenes Buch füllt, empfehle ich dir an dieser Stelle die „Facebook Ads Anleitung", die du über den Link im Bonusteil zu diesem Buch bekommst. Wenn du mit den Methoden aus dem Buch nun erfolgreich Geld verdienst, kann ich dir nur empfehlen, dein Business mit Facebook Werbung auf die Höhe zu skalieren, die du haben möchtest. So kannst du praktisch eine unbegrenzte Menge an Traffic, der gezielt von Facebook kommt und bereits an dich und deine Produkte potentielles Interesse hat, einkaufen, um so für jeden Euro, den du in bezahlten Traffic steckst, 5 Euro Gewinn über deine Affiliate Links heraus holen. Das Skalieren eines funktionierenden Business mit Facebook Werbung, die gezielt Interessenten anspricht, ist im online Marketing Gang und Gäbe und DER Grundstein für ein 1-Millionen-Euro-Business.

5.4. Das unterschätzte soziale Netzwerk

Vielleicht hast du es schon einmal gesehen, das es ein soziales Netzwerk gibt, das dazu gedacht ist, Ideen, die man im Internet findet, auf extra dafür eingerichtete Pinnwände zu merken und zu sortieren. Dieses soziale Netzwerk nennt sich Pinterest und unterscheidet sich deutlich von den anderen drei, in diesem Buch genannten Netzwerke. Es funktioniert ein wenig wie

Instagram, nur dass man die Beiträge dort nicht zwingend selber erstellen muss, sondern viel mehr Inhalte von anderen festhalten kann. Für uns als Affiliate Marketer, die mit den sozialen Netzwerken Geld verdienen wollen, ist genau das aber absolut wünschenswert und extrem förderlich. Zum einen können wir gezielt unsere Instagram Beiträge oder unsere YouTube Videos auf eigens dafür erstellte Pinnwände, die ein bestimmtes Thema abdecken, pinnen (merken) und so noch weiter zu verbreiten und für Fremde sichtbar zu machen. Damit ist Pinterest eine weitere Quelle für ein bisschen extra kostenlosen Traffic. Da du ja vor allem für deine Instagram Seite noch einen Blog führen solltest, kannst du jeden deiner Blogbeiträge mit zusätzlichem kostenlosen Traffic versorgen, indem du ein extra für den Blogbeitrag erstelltes Bild, das ähnlich wie ein Titelbild für ein YouTube Video funktioniert, auf Pinterest hinterlegst, also auf eine von dir erstellten Pinnwand, die den Namen des Themas deiner Nische enthält. Hast du zum Beispiel einen Foodblog, auf dem du regelmäßig deine besten Rezepte vorstellst, machst du dir dazu ein aussagekräftiges Beitragsbild, das deine Speise liebevoll angerichtet zeigt und pinnst es auf eine Pinterest Pinnwand, die z.B. „Vegane Rezepte" heißt, wenn dein Blogbeitrag eine veganes Rezept beschreibt. Pinterest selbst stellt nun anderen Benutzern deine Pins immer dort vor, wenn sie entweder in die Suche „vegane Rezepte" eingeben, als verwandte Beiträge, wenn jemand einen ähnlichen Pinn, der auch von wem ganz anderem sein kann, aufruft oder als Vorschlag für eine neue Idee als Email an Pinterest Nutzer, die eine verwandte Pinnwand zu deiner haben. Wenn deine Bilder entsprechend gut sind, ins Auge stechen, Neugierde wecken und der Beitrag dahinter einen guten Mehrwert bietet, geht so dein Pin und damit dein Beitrag dahinter viral. Andere Pinterest Nutzer merken sich deinen Pin auf ihren eigenen Pinnwänden. So können einmal Leute, die diesen Pinnwänden folgen, deinen Beitrag entdecken und zum zweiten, wird dein Pinn als beliebter eingestuft und er wird noch weiteren, fremden Pinterest Nutzern vorgestellt und besser platziert. Da Pinterest in Deutschland noch relativ wenig genutzt wird, eignet es sich umso mehr, wenn du internationale Inhalte, z.B. mit deiner Instagram Seite hast, diese einem breiterem Publikum zugänglich machst, indem du deine Instagram Beiträge auf Pinterest pinnst. Selbst Amazon Produkte, die über deine persönlichen Amazon Affiliate Links zu den Artikelseiten auf Amazon gelenkt werden, kannst du auf Pinnwände auf Pinterest verbreiten. Wenn du ein Beispiel willst, wie wir das machen, dann schau dir unser Pinterest Profil an: https://www.pinterest.de/geniale_dinge/

5.5 Deine eigene Social Media Agentur

Da du nun weißt, wie du mit den einzelnen sozialen Medien umzugehen hast, damit Reichweite gewinnst und diese zu Geld machst, kannst du dieses Wissen nutzen, um für eigene Kunden anwenden. Dabei ist ein aktueller Trend, der durch das Internet geht, die extrem profitable Nische des Social Media Marketings. Da es mit den sozialen Medien extrem einfach ist, über die Informationen, die dessen Nutzer freiwillig heraus geben, gezielt Menschen mit Interesse an bestimmte Themen zu erreichen, kann man so für Unternehmen und Produkte „werben" und so deutlich profitabler als über andere Wege zu Geld machen.

Diese Nische kannst du dir mit dem Wissen aus diesem Buch extrem profitabel mit einer eigenen Social Media Agentur zu Nutze machen.

So kannst du über eine eigene Webseite mit entsprechenden Instagram und Facebook Seiten dazu, Kunden gewinnen, in deren Auftrag du ihre Social Media Kanäle aufbaust, betreust, zum Wachsen bringst und deinen Kunden damit mehr neue, eigene Kunden bringst. Dazu solltest du aber schon eine professionelle Webseite dafür haben, auf der du diese Leistung für Unternehmen oder Personen des öffentlichen Lebens anbietest. Zu deinen Kunden können dann einerseits lokale Unternehmen zählen, wie die bekanntesten Bars in deiner Stadt, der Frisör, zu dem du immer gehst, andere lokale Unternehmen oder Persönlichkeiten, bei denen du feststellst, dass deren Auftritte in den sozialen Netzwerken entweder gar nicht vorhanden sind oder deiner Meinung nach definitiv mehr Potential haben. So kannst du dir z.B. auch Visitenkarten günstig drucken lassen, die deine Leistung (mit Link zu deiner Webseite) anbieten. Damit kannst du über Kaltakquise, also durch einfaches Ansprechen des Ladenbetreibers, des Unternehmens, der Persönlichkeit, diesen Menschen aufzeigen, dass sie mit gut funktionierenden Auftritten in den sozialen Netzwerken einfach neue Kunden gewinnen und so ihre Umsätze erhöhen können. Dazu solltest du so vorgehen, dass du beim Erstkontakt mit den Leuten, die du für potentielle Kunden hältst, einfach mal ein/zwei Tipps kostenlos & ganz unverbindlich ans Herz legst, mit denen sie schon mal deutlich mehr Erfolg auf den sozialen Netzwerken erreichen. Das kann eine Verbesserung zu ihrem Profil sein, der Tipp des Arbeitens mit Stories, die richtige Hashtagstrategie, mehr mit Facebook Gruppen zu arbeiten, anstatt mit Seiten oder oder oder! Wenn sie diese Tipps von dir dankend annehmen und umsetzen, kannst du ihnen im weiteren Gespräch aufzeigen, dass du noch mehr aus ihren Social Media Kanälen heraus holen kannst, wenn du dich persönlich über alle Auftritte dieser Firmen/Personen in den sozialen Netzwerken kümmerst. Dazu solltest du auch definitiv positive Erfahrungen mit Facebook Werbeanzeigen haben, da das geradezu wie ein Katapult zur Neukundengewinnung deiner eigenen Kunden dienen kann und dir ein breiteres Leistungsangebot ermöglicht.

So kannst du mehrere Pakete im Rahmen deiner Social Media Agentur verkaufen. Z.B. ein Komplett Paket, für das du locker 1000 – 5000 € pro Kunde verlangen kannst, wobei du dich um deren Instagram, Facebook und YouTube Kanäle kümmerst, mit den Strategien aus dem Buch ihnen zu mehr Reichweite verhilfst und diese gezielt zu neuen Kunden für deine eigenen Kunden machst. Das Komplettpaket beinhaltet dann alles vom Erstellen der Auftritte in den sozialen Netzwerken, das Erstellen von Beiträgen, das regelmäßige Hochladen der Beiträge, Stories, Folgen/Entfolgen, Facebook Werbung und YouTube Videos. Kleinere Pakete könnten dann entweder nur das Gewinnen von mehr Reichweite sein, wobei das Erstellen und Hochladen der Beiträge deine Kunden selber machen oder umgekehrt, du die Beiträge erstellst, Hochladen und Reichweitengewinnung deine Kunden selber machen. Dann kannst du noch unterschiedliche Pakete anbieten, wie nur Facebook, nur Instagram, nur YouTube oder alle drei Plattformen. Lass deine Kunden aber auch wissen, dass sie für Facebook zusätzlich zu den Kosten, die für deine Leistungen zustande kommen, noch ein Werbebudget für die Facebook Ads vorhanden sein muss. In deiner Hand liegt dann nur den Preis für die Anzeigen mit deiner Expertise so weit zu senken, dass deine Kunden, durch ihre Investition in deine Leistung mehr Umsatz generieren, als sie dafür in dich investiert haben! ;-)

Heißt, du solltest nicht nur mit der Zielgruppendefinierung, Erstellung einer Custom oder Lookalike Audience vertraut sein, sondern auch die Nutzen, Vor- & Nachteile der einzelnen Methoden, also das Ziel deiner Werbeanzeige (Produkt- bzw. Verkaufsseite, Facebook Gruppen/Messenger, etc.) kennen und den für deine Kunden besten Weg nutzen.

Zur Neukundengewinnung deiner eigenen Social Media Agentur kannst und solltest du natürlich ebenfalls dir alle möglichen

Optionen aus diesem Buch und dem Bonusteil zu Nutze machen, sodass gezielt über die Sozialen Netzwerke auch potentielle Kunden von sich aus auf dich zu kommen. Heißt, erstelle dir eine eigene Instagram Seite, über deine Social Media Agentur, was im einfachsten Fall auch deine persönliche Instagram Seite sein kann, in der du deine Leistung als Social Media Manager anbietest, mit Link zu deiner Webseite, auf der alle Interessenten deine Leistung kaufen können. Erstelle dir also eine professionelle Webseite, entweder mit Builderall oder Wordpress. Dort stellst du deine Leistungen des Social Media Marketings vor, was du bietest, was deine Kunden bekommen und was das kostet. Richte dir dort einen Blog ein, in dem du ab und zu mal ein paar Tipps rund um Social Media veröffentlichst. Dann baust du dort ein opt-in Formular ein, in dem sich deine Webseitenbesucher in deine Email Liste eintragen können, wenn sie z.B. einen gratis Report haben wollen, mit dem sie ein/zwei Tipps für den besseren Umgang mit den sozialen Netzwerken lernen oder auch die Top 5 der häufigsten Fehler in den sozialen Netzwerken bekommen. Dann setzt du Emails auf, in denen du zu deinen Blogbeiträgen verweist und nutzt diese Email Adressen, um den Abonnenten einen Webinar Link zu verschicken. Dann veranstaltest du ein Webinar, das ganz einfach auch über einen YouTube Livestream und dem Programm OBS funktioniert, in dem du deinen Abonnenten (den potentiellen Kunden deiner Social Media Agentur) z.B. die Top 5 besten Sozial Media Hacks für mehr Reichweite aufzeigst, dann Referenzen von dir zeigst, was mit deinem Wissen über die sozialen Netzwerke alles möglich ist und ganz am Ende in diesem Webinar deine Leistung anbietest, dass du deinen Interessenten nun dazu verhilfst, mehr Reichweite aufzubauen/mehr Kunden zu gewinnen/mehr Umsätze zu generieren, etc. und stellst dort z.B. deinen Link zum Kauf deiner Leistung rein, was im einfachsten Fall einfach dein PayPal Link sein kann.

6. Bonus:

Kommst du an irgendeinen Punkt aus diesem Buch nicht weiter, hast etwas nicht richtig verstanden oder du bist auf irgendein Problem für dich gestoßen, zögere nicht, mit mir Kontakt aufzunehmen, damit ich dir weiterhelfen kann!

Wie in jedem meiner Bücher, bekommst du auch hier einen umfangreichen Bonusteil mit auf dem Weg. Damit erhältst du Lernvideos, die dir zeigen, was sich in so einem Buch nur schwer darstellen lässt, Zutritt zu meiner exklusiven Facebook Gruppe, wo wir uns gegenseitig unterstützen können, um echte Follower und Abonnenten auf unseren Seiten und Kanälen zu bekommen und wo du alle Updates zu den Inhalten aus dem Buch erhältst sowie dazu meinen persönlichen Support, wo du mir Fragen stellen kannst und ich dir mit weiteren Tutorial Videos aushelfe! Geh einfach auf folgenden Link oder rufe den unten stehenden QR-Code auf, um alle Links aus dem Buch und den exklusiven Bonusteil aufrufen zu können!

http://bit.ly/bonus-thomas-crown

7. Schlusswort

Mittelpunkt deiner Social Media Karriere, deines Social Media Businesses sollten Instagram und YouTube sein. Facebook solltest du trotzdem nicht vernachlässigen und gezielt, als Erweiterung und Expansion für die beiden anderen Kanäle nutzen! Wenn dein Business funktioniert, kannst du es mit Facebook Ads so weit hochskalieren, dass du aus jedem Euro, den du in Traffic aus der Facebook Werbung steckst, 3-5 Euro durch deine Affiliate Links (in Blogbeiträgen, YouTube Videos, Facebook Gruppen, etc.) wieder heraus bekommst. Wenn du bei allen sozialen Netzwerken erst einmal weißt, wie sie ticken, ist es ein Leichtes, das auf vielen möglichen Kanälen, mit vielen möglichen Nischen zu nutzen und auszunutzen. Wenn du weißt, wie es geht und ein Gespür dafür bekommen hast, kannst du dein Business beliebig erweitern, so wie dir es passt.

Je mehr Vernetzungen du hast, desto besser!
So können Leute, die du einfach auf Instagram als Follower gewinnst zu Abonnenten deines YouTube Kanals werden, wenn du mit deinen Beiträgen auf deinen Profillink verweist (Call-to-Action), wo sich ein Video oder auch direkt dein Kanal als Link befindet. So kannst du besonders am Anfang, um auf deine 1000 Abonnenten zu kommen, die für die YouTube interne Monetarisierung durch Werbung nötig sind, einfach und viel schneller wachsen, als wenn du dich nur auf YouTube alleine fokussierst. YouTube wiederum kannst du nutzen, um mehr Leute anzuziehen, die entweder nicht bei Instagram sind oder dir dort noch nicht folgen. Leute, die du gezielt mittels ausführlicher Verlinkung in der Videobeschreibung auf deinen Blog, deinem Newsletter für's Email Marketing oder auf deine Affiliate Links oder eigene Produkte lenken kannst. In deinem Blog wiederum kannst du deine Facebook Seite einbauen, mit Plugins die "Teilen Knöpfe" oder eine Facebook Kommentar Funktion versehen, sodass deine Beiträge viral gehen können. Deine Facebook Seite kannst du dagegen nutzen, um Werbung zu schalten und über das Wissen, das Facebook

über uns Nutzer hat, gezielt die Leute zu erreichen, die an deinem Produkt oder Affiliate Links interessiert sind. Ebenso kannst du Facebook Gruppen nutzen, um dir eine persönlichere Community zu schaffen, als das Instagram und YouTube je könnten. Außerdem kannst du deine Facebook Seite nutzen, um mit dieser einen Messenger Bot zu betreiben, der eine bessere Öffnungs- und Klickrate hat, als es dein Email Marketing je könnte. Die Kontakte für deinen Facebook Messenger Marketing holst du dir dabei wieder durch kostenlose "Geschenke" (den Leadmagneten), wie kostenlose eBooks, über deine Reichweite auf Instagram und YouTube oder durch Facebook Werbung. So kannst im Gegenzug per Email Marketing oder Facebook Messenger Bot deine Kontakte auf deine neuen YouTube Videos hinweisen, um so dort mehr Aufrufe zu erhalten, die wiederum gut für dein Ranking und deine Monetarisierung in YouTube nützlich sind. Dann nutzt du noch Pinterest, um alles abzurunden, wo du deine Blogbeiträge und YouTube Videos auf Pinnwänden speicherst, sodass Pinterest sie automatisch und vor allem kostenlos anderen Leuten vorschlägt, die genau durch eigene Pinnwände dazu bereits Interesse an diese Inhalte haben und durch Pinnen auf ihre eigenen Pinnwände deine Inhalte viral gehen können. So holst du noch mehr Leute auf deine Inhalte, die du zu Leads, Followern und Abonnenten und damit zu Geld machen kannst! Verknüpfe also alles mit allem, schaffe dir so ein riesiges Netzwerk aus verschiedenen Plattformen, sodass die Leute um deine Inhalte nicht herum kommen!

Dann sei dir ans Herz gelegt: Schau dich um! Sieh dir an, was all die "Großen" machen, die bereits erfolgreich in den sozialen Netzwerken sind. Erkenne, was sie machen. Mach es ihnen nach, übernimm diesen Stil für dich und kopiere einfach nur, was funktioniert!
Du brauchst keine neue 1 Millionen Euro Idee! Wenn du siehst, dass etwas bei anderen klappt, mach es nach! Selbst wenn du auf eine geniale Idee kommst, aber merkst, dass es das so oder in ähnlicher Weise schon gibt, es spielt keine Rolle!
Um dir ein konkretes Beispiel zu nennen: Aldi ist der Vorreiter des Discounters. Anfangs war Aldi dort alleinstehender

Platzhirsch mit einer einfachen, aber genialen Idee, die Preise für Lebensmittel deutlich zu senken. Und nun? Nun gibt es noch Lidl, Netto, Penny, NP, Norma und Kaufland. Niemand von diesen Discountern hat sich gesagt "Die Idee gibt es bereits". Nein, sie haben einfach gemacht, was sich etabliert hat und was bereits funktioniert und es verdienen alle gutes Geld daran. Also, zieh dein Ding durch! Egal, ob du merkst, dass es deine Idee in dieser oder ähnlicher Form schon gibt! Selbst wenn du bereits bestehende, erfolgreiche Ideen eins zu eins nach machst, hast du schon einmal die Grundlage zum Erfolg gesetzt! Vielleicht merkst du auch auf diesem Weg etwas, das an der Idee nicht so gut ist, das verbessert werden kann oder du findest etwas, das dich von den anderen abheben lässt. So entdeckst du vielleicht ein Alleinstellungsmerkmal für dich, was deine Idee den gewissen Vorsprung gibt und noch erfolgreicher macht!

Dein Thomas Crown.

~Alles für deinen Erfolg! ~

Impressum

Copyright 2019 Thomas Crown. Alle Rechte vorbehalten.

1. Auflage

ISBN: 9781090939791

Alle Rechte vorbehalten. Nachdruck, auch auszugsweise verboten. Kein Teil dieses Werkes darf ohne schriftliche Genehmigung des Autors in irgendeiner Form reproduziert, vervielfältigt oder verbreitet werden. Inhaltlich Verantwortlicher: Thomas Brachmann, Zur Saaleaue 93, 06122 Halle (Saale)

Bildnachweis: design by freepik.com

Printed in Poland
by Amazon Fulfillment
Poland Sp. z o.o., Wrocław